AF500749

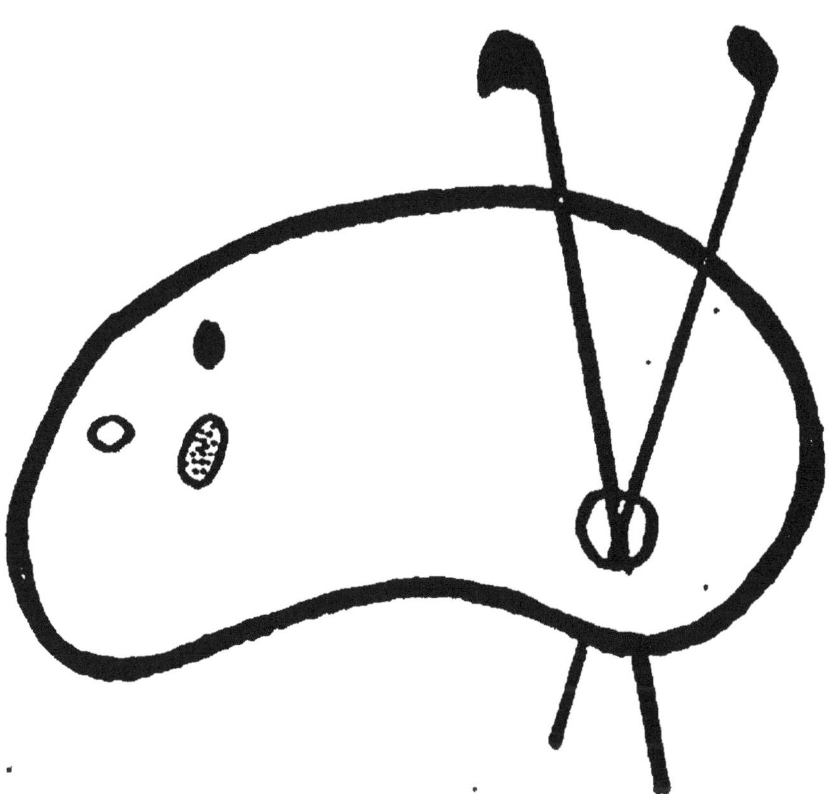

L. SAINTE-BEUVE

LA QUESTION DU MAROC

ÉTUDE GÉOGRAPHIQUE POLITIQUE ET MILITAIRE

Il faut que par tous les moyens, par le livre, par le journal et par l'école nous vulgarisions en France la notion du Maroc et de l'intérêt que nous avons d'y augmenter notre influence.

RAIBERTI, député.

PARIS
HENRI CHARLES-LAVAUZELLE
Éditeur militaire
10, Rue Danton, Boulevard Saint-Germain, 118
(MÊME MAISON A LIMOGES)

Librairie militaire Henri CHARLES-LAVAUZELLE
Paris et Limoges.

1

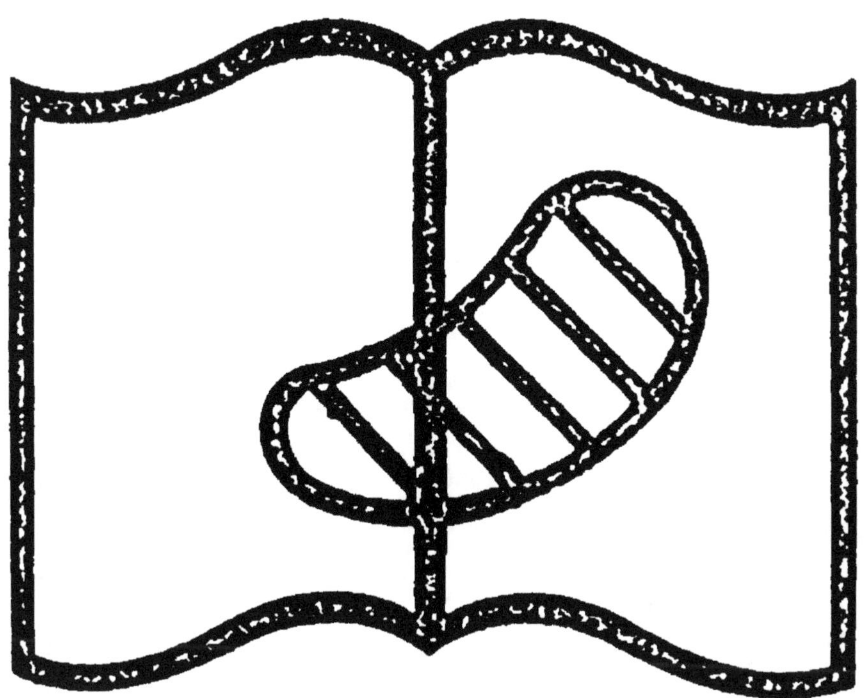

Illisibilité partielle

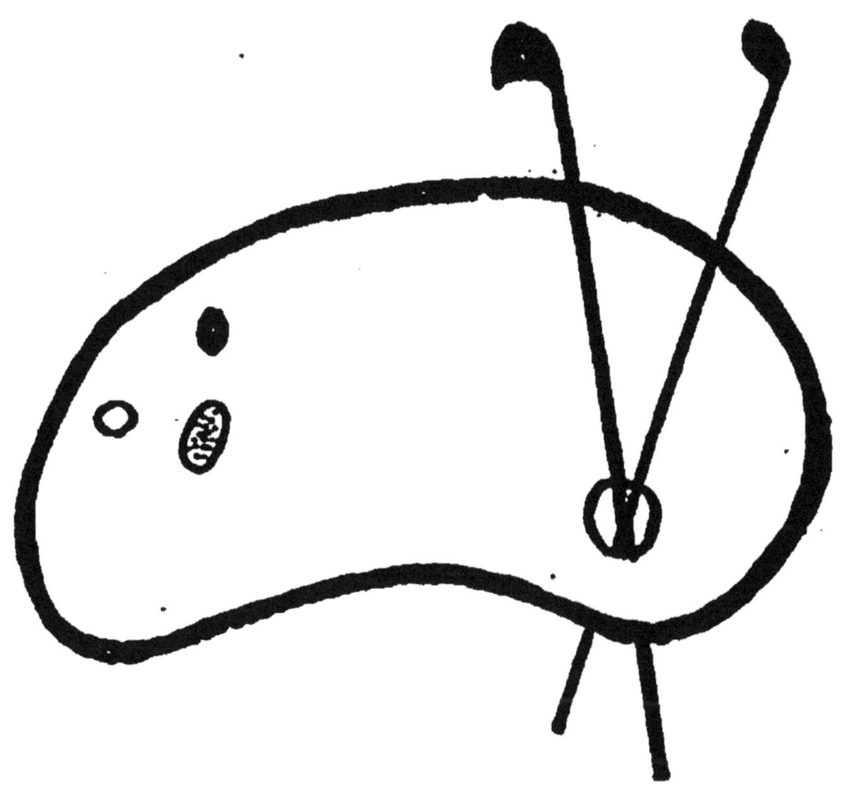

FIN D'UNE SERIE DE DOCUMENTS
EN COULEUR

LA
QUESTION DU MAROC

L. SAINTE-BEUVE

LA QUESTION DU MAROC

ÉTUDE GÉOGRAPHIQUE POLITIQUE ET MILITAIRE

Il faut que par tous les moyens, par le livre, par le journal et par l'école nous vulgarisions en France la notion du Maroc et de l'intérêt que nous avons d'y augmenter notre influence.

RAIBERTI, député.

PARIS
HENRI CHARLES-LAVAUZELLE
Éditeur militaire
10, Rue Danton, Boulevard Saint-Germain, 118

(MÊME MAISON A LIMOGES)

INTRODUCTION

La fin du XIXe siècle est marquée par une tendance fiévreuse de tous les Etats civilisés à sortir de chez eux. Ceux qui possèdent des colonies s'emploient à les faire valoir; les autres ne croient jamais payer trop cher le moyen de s'en procurer.

Les nations civilisées lient étroitement aujourd'hui leur développement commercial et leur grandeur politique. Les besoins de leur existence matérielle orientent leur histoire : le commerce a développé à ce point l'égoïsme chez toutes les nations du globe qu'elles n'ont d'autre souci que le bien-être et que la seule diplomatie qui ait leur approbation est celle qui sert leurs intérêts commerciaux, parce qu'elle augmente leurs richesses.

L'Europe s'étiole dans ses frontières : les productions constantes des diverses industries l'avaient obligée à couvrir de ses marchandises l'Amérique, l'Australie, les Indes, le Japon; mais les clients, à leur tour devenus fournisseurs, imposèrent à l'activité européenne des débouchés nouveaux. La France, l'Allemagne, l'Angleterre s'adressèrent à l'Afrique, dont elles se partagèrent le continent, et, dès lors, s'ouvre pour l'histoire africaine une période nouvelle.

Comme, autrefois, Salambô apparut sur les terrasses de Carthage aux regards éblouis de Mathô, l'Afrique lentement se dévoile aux yeux étonnés de l'Europe. A l'évocation de richesses que leur ambition exagère sans doute, les vieilles nations se pressent et se hâtent; et elles transportent dans ces pays neufs leurs intérêts politiques et commerciaux. Elles se précipitent dans ces contrées vierges, que certains ont entrevues comme le champ de bataille du siècle qui s'ouvre. La prise de possession se poursuit hâtivement; on comprend que tout retard équivaudrait à une renonciation et le commencement de notre XXe siècle présente le même spectacle que la fin du XVIe : les nations d'Europe se partagent l'Afrique comme elles firent jadis de l'Amérique. Seul dans cette immense Afrique un pays reste, riche et faible; et, des ambitions cachées ou déclarées, des conventions avouées ou dissimulées, on peut déjà entrevoir des causes de dissentiments profonds, qui pourraient, dans un avenir prochain, troubler la paix du monde.

Malgré sa proximité de l'Europe, le Maroc en a jusqu'à présent bien peu subi l'influence. Quoi qu'il en soit, son importance est immense à de nombreux points de vue : la présence de nombreux cours d'eau lui donne une valeur économique supérieure à celle de l'Algérie. Placé à l'angle de l'Afrique entre l'Atlantique et la Méditerranée, il commande les routes maritimes du Sénégal et du Soudan, il domine le détroit de Gibraltar et pourrait y paralyser l'influence des Anglais. Reste-t-il quelque part un vaste champ d'exploitation et un territoire de peuplement plus beaux et plus rapprochés? Existe-t-il une situation stratégique plus importante?

On se plaît à répéter que c'est là un homme malade dont l'héritage s'ouvrira bientôt; le mieux, pour le moment, est sans doute d'y maintenir le *statu quo*. Nous examinerons, au cours de cette étude, les diverses solutions auxquelles peut donner lieu la question du Maroc. Mais, d'ores et déjà, nous pouvons affirmer la nécessité d'assurer la sécurité de nos possessions septentrionales en Afrique et les graves inconvénients qu'il y aurait pour nous à ce qu'une puissance étrangère vînt s'établir sur nos frontières. Il y a donc pour nous un intérêt supérieur à ce que le Maroc soit maintenu dans son intégrité absolue. Admettre qu'une influence supérieure à la nôtre puisse s'établir au Maroc, ce serait compromettre d'une façon absolue nos intérêts dans le bassin méditerranéen.

Quelque ampleur mondiale qu'ait prise la politique des grandes puissances et quelle que soit l'importance de nos intérêts sur les différents points du globe, il n'est peut-être pas de question qui ait un intérêt d'actualité plus grande que celui de la conservation et du développement de notre empire africain. Cet empire, nous l'avons conquis par un long labeur, beaucoup d'or et beaucoup de notre sang, et il ne faut pas, comme trop souvent ailleurs, que nous ayons été à la peine uniquement pour que d'autres soient au profit.

Rappelons-nous que, dans les circonstances actuelles, Islam veut dire stationnement et barbarie. Souvenons-nous, comme l'a écrit le général Noëllat dans un livre tout entier encore d'actualité, que c'est la France qui la première en Afrique a arboré le drapeau du progrès. Ce drapeau emporte une idée si générale, si contraire à l'idée musulmane, fataliste et immuable, qu'il éveille un émoi national et religieux dans tout le monde sémite. Après l'Algérie, le Maroc doit être la trouée par laquelle le monde européen tente de pénétrer dans l'Islam, jusqu'ici fermé à tous les regards profanes, jusqu'ici gardant le rôle d'assaillant et maintenant réduit à se défendre.

Il y aura pour l'Europe des difficultés sans nombre à pénétrer de vive force dans ce pays sans routes, sans cultures, sans grands centres de population; où la vie est partout et nulle part, où la vie nationale est insaisissable, parce qu'elle n'a rien de notre centralisation européenne, parce que l'individu est beaucoup et l'Etat peu de chose.

La France doit éviter ces grandes luttes qui ne profiteraient qu'à l'idée sémite, en train de mourir à cette heure. L'Europe suit, vis-à-vis de cette idée, une politique de temporisation et de ménagements, et elle fait bien. Elle sape peu à peu ce colosse en lui enlevant ses appuis, en l'isolant du sol et des affaires, en abaissant devant l'idée européenne ses dynasties d'autrefois si fières et si dédaigneuses. Elle profite de la paix pour s'introduire chez eux, y créer des routes, des chemins de fer et une administration. Elle arrive ainsi à conquérir par l'intelligence et le travail, au lieu de le faire par les armes. Ce sont là des moyens sûrs, mais lents.

La France a le droit et le devoir de choisir son heure, après s'être assuré la libre disposition de toutes ses forces pour pouvoir parer à toutes les éventualités et appuyer ses volontés, s'il le faut, de tout le poids de son épée.

Le monde musulman se sent envahi de tous côtés. L'idée européenne l'enserre et le pénètre de toutes parts. Le danger n'est plus en Orient. Il est désormais sur les bords de la Méditerranée, sur les frontières de notre Algérie.

Non seulement le Maroc est le prolongement naturel de ce vaste empire colonial que nous avons fondé, « qui paraît épars et qui a pourtant son unité et qui est merveilleusement impressionné par les moindres vibrations », suivant l'expression de M. Waldeck-Rousseau, mais encore, en pénétrant dans ce vieux monde sémite jusqu'ici réfractaire à nos armes aussi bien qu'à nos idées, la France, avant-garde et drapeau de la civilisation, sera fidèle à ses traditions. A la fatalité et à l'immutabilité qui sont le dogme musulman, elle opposera nos principes éternels de liberté et de progrès.

L'Europe frappe à la porte du Maroc. Chaque nation veut avoir sa part. C'est de l'inconnu qui se prépare et qui s'accumule pour demain. C'est de ce Maroc, malgré tout mystérieux, que peut partir l'étincelle destinée à enflammer le monde; la lutte toujours croissante des convoitises étrangères peut, d'un instant à l'autre, faire surgir une guerre européenne.

Nous devons donc porter à cette question du Maroc l'intérêt que nous devons à tout ce qui peut faire la France plus grande, plus forte et plus puissante !

LA

QUESTION DU MAROC

I

GÉOGRAPHIE PHYSIQUE

Les limites.

Le plateau africain est limité au nord, de l'Atlantique au golfe des Syrtes, par une région dont l'Atlas marque le faîte et qui est désignée par les Arabes sous le nom de Djezirat el Moghreb, l'île de l'Occident, l'île entre deux mers.

Le Moghreb comprend la Tunisie, l'Algérie et le Maroc. Le Maroc, ou pays de l'Extrême-Occident, comme l'indique son appellation arabe : El Maghreb el Aesa, est situé dans l'angle que forme le continent africain, en face de la péninsule ibérique, et que déterminent la Méditerranée, le détroit de Gibraltar, puis l'océan Atlantique. Le Maroc actuel est formé de la réunion des royaumes de Fez, de Maroc, de Souss et de Tafilalet : c'est, augmentée d'une partie de la Gétulie, l'ancienne Mauritanie tingitane des Romains.

Ses limites sont : au nord, la Méditerranée, de la baie d'Adjeroud au cap Spartel; à l'ouest, l'Atlantique, du cap Spartel à l'oued Draa; à l'est, la frontière d'Algérie, peu précise, comme on le verra au cours de cette étude; enfin, au sud, une ligne indécise ne paraissant pas dépasser l'Atlas et le massif des Guézoula.

Dans les lignes conventionnelles que la diplomatie fixe au Maghreb el Acsa, la surface de cet empire atteindrait 440.000 kilomètres carrés, en n'y comprenant ni les oasis du Touat, ni le désert, qui échappent à l'autorité chérifienne.

Le littoral.

Les côtes du Maroc ont un développement d'environ 400 kilomètres sur la Méditerranée et de 1.000 à 1.100 sur l'Atlantique. Quoique leur développement soit considérable, les côtes marocaines ne contiennent qu'un nombre de ports extrêmement restreint.

Sur la Méditerranée le Maroc ne possède ni ports, ni rades, si l'on ne tient pas compte de Tanger. La sauvage et inabordable chaîne du Riff arrive là tout près de la mer. Le littoral est bordé de hautes falaises dentelées de caps.

Quelques îles et îlots jalonnent la côte de la Moulouya au cap Spartel, où les écueils abondent. Les îles les plus importantes sont les îles Djaffarines, situées entre la frontière d'Algérie et le cap des Trois-Fourches. Ces îles au nombre de trois, appartiennent depuis 1840 à l'Espagne. Elles commandent, au nord-ouest, l'embouchure de la Moulouya.

La place de Tétouan, commercialement si importante, est à quelques heures seulement de la Méditerranée, sur une petite rivière qui s'y jette, mais dont l'embouchure est trop ensablée pour que les navires puissent y pénétrer. A part Ceuta et Tanger, on ne rencontre aucun port sur cette côte inhospitalière et sauvage. Trois rades foraines seulement, dont deux entre les mains des Espagnols, offrent quelque abri aux navires : ce sont les îles Djaffarines, Mélila et l'îlot de Perregil.

Le littoral de l'Atlantique est accidenté : il forme une ligne à peu près continue de sables et de rochers, droite et si saine qu'on peut en approcher partout à 1 mille et demi ou 2 milles; sur toute son étendue elle est généralement aride; on voit çà et là quelques falaises, mais plus souvent des dunes de sable basses avec quelques rochers. Toute la côte atlantique du Maroc offre peu d'abri, car elle est partout très exposée et battue par les vents et la mer du large; aussi les vents d'ouest la rendent-ils on ne peut plus dangereuse, non seulement en hiver, mais encore dans la belle saison, à cause du brisant qui la garnit et commence sur les parties sablonneuses, à un quart de mille au large, par les fonds de 6 ou 10 mètres; la mer y devient aisément très grosse. Aussi, la plupart des rades, complètement ouvertes, n'offrent aucun abri aux navires qui y sont à l'ancre. La baie de Tanger et le port de Mogador peuvent seuls être désignés comme de meilleurs lieux d'ancrage. Ce dernier est couvert, en quelque sorte, par un îlot de rochers jeté en avant. Le petit port d'Agadir est peut-être le meilleur du Maroc.

L'ancien port naturel d'Arzila est complètement ensablé. A El Araïch, l'embouchure de l'oued El Khoss forme à l'intérieur des terres un petit port qui, lorsque la barre est praticable, est accessible, à marée haute, à des bateaux de 200 tonneaux. La rade de Rbat est dépourvue d'abri, et les difficultés de la barre sont telles que ce port est de moins en moins fréquenté. Au village maritime de Fedhala, une langue de terre s'avançant de près de 2 kilomètres dans la mer, et qui pourrait être utilisée avantageusement pour la création d'un port, offre un assez bon abri aux navires contre les vents du large. A Mogador, la rade, grâce à la protection d'un îlot qui la ferme à l'ouest, est, malgré son fond rocheux, réputée une des meilleures de la côte Ouest.

En résumé, les côtes marocaines sont dangereuses en général et peu avantageuses pour le commerce. Des villes comme Rabat, Sela, Dar el Beïda, Saffi, etc., où, un commerce actif existe déjà, gagneraient beaucoup à avoir un port. Aujourd'hui, leurs rades ouvertes sont fort mauvaises. On pourrait établir des ports au moyen de travaux d'art : Mogador deviendrait ainsi un ancrage sûr et, surtout, il serait possible d'utiliser la belle, large et profonde baie de Tanger. Il est évident que les nations maritimes convoitent depuis longtemps ce dernier point, si favorablement situé à la limite de deux mers et de deux continents. Tanger aura certainement un grand avenir si l'une de ces nations réussit à s'y établir.

Orographie.

Dans son ensemble, le Maghreb présente comme relief une structure très simple, qui se dessine nettement.

Un profil montre :

1° D'abord, une zone plissée, large de 120 à 140 kilomètres, composée de rides graduellement plus élevées et séparées entre elles par des plaines dont l'ensemble présente l'aspect d'un gigantesque escalier permettant de s'élever du rivage méditerranéen vers l'intérieur. C'est l'Atlas tellien ou Tell;

2° Un plateau élevé, absolument uni, dont la partie centrale, légèrement déprimée, est marquée par des lacs allongés présentant, en temps de sécheresse, des efflorescences salines. C'est la région des Hauts-Plateaux, appelée aussi, autrefois, Petit Sahara, dont l'altitude varie de 550 à 1.000 mètres et dont la largeur la plus grande atteint 200 kilomètres ;

3° Une longue arête montagneuse, coupée vers l'est de brèches nombreuses, qui s'étend depuis le Maroc jusqu'au cap Bon. C'est la chaîne saharienne, dont les crêtes dépassent 2.000 mètres d'altitude et dont les escarpes dominent les Haute-Plateaux d'un millier de mètres et le Sahara de 1.500 mètres.

On retrouve au Maroc les grandes régions caractéristiques du Moghreb.

La chaîne tellienne est marquée par l'alignement du Riff, qui court parallèlement à la côte pendant 400 kilomètres ; la chaîne saharienne, par l'alignement de l'Atlas, qui couvre le territoire marocain sur une longueur de 600 kilomètres, depuis le cap Guir jusqu'au Djebel Aïachin, lieu de soudure des massifs de l'Atlas algérien. Entre ces deux alignements s'étendent les Hauts-Plateaux, plaine mouvementée, tantôt fertile, tantôt désertique, qui communique avec la région saharienne par les brèches de l'Atlas : cols de Tzin-Glaoui, Tagherout et Bibaouan.

Les montagnes du Riff (rivage), ensemble de massifs et de hautes terres, s'étendent suivant un vaste hémicycle, qui va du promontoire des Trois-Fourches à la pointe de Ceuta. Ces montagnes consistent surtout en massifs isolés et en chaînons distincts, dont la direction capricieuse est, le plus souvent, très difficile à déterminer. A travers ce dédale de hauteurs courent des vallées étroites, peu accessibles et sans communications entre elles. Elles atteignent leur plus grande hauteur dans le voisinage de la côte, à l'ouest de Tétouan, par les montagnes des Beni Hassen, continuées jusqu'à la pointe de Ceuta par celles des Haouss. Leur altitude varie entre 1.000 et 2.500 mètres.

L'épaisseur de la masse montagneuse du Riff dépasse

120 kilomètres à hauteur de Fez, tandis qu'elle n'est plus que de 60 au nord de Ksar el Kébir.

A l'est du cours de la Moulouya s'étend, vers la frontière algérienne, le massif des Beni Snassen, qui est, géologiquement, le prolongement du massif des Trara appartenant à l'Algérie.

Les parties montagneuses du Riff sont réputées pour leur climat très froid, comme aussi pour les forêts qu'elles renferment. Quant à l'angle projeté par le Maroc en face de l'Espagne, entre l'Atlantique et la Méditerranée, ce n'est qu'un prolongement du système du Riff, et il en présente les mêmes caractères au point de vue orographique. Comme le massif du Riff, le massif de l'Andjera et celui d'El Haouz, qui le relie, se composent d'un certain nombre de chaînes parallèles aux deux mers et perpendiculaires au détroit. Ces diverses séries de hauteurs se réunissent à Ain ech Chems, au centre du triangle circonscrit par le détroit, la Méditerranée et la route de Tanger à Tétouan, pour se séparer de nouveau et former les nombreux chaînons perpendiculaires au détroit qui déterminent les principales saillies du littoral.

Dans la grande plaine marocaine, un chaînon indépendant, parallèle à l'Atlas, les Djebila, serpente au nord de Merrakech. Enfin, de nombreux petits massifs isolés, aux contours arrondis, s'élèvent en divers endroits de la plaine.

C'est en parlant de ces Hauts-Plateaux que Pierre Loti disait poétiquement : « Nous faisons l'étape dans des montagnes uniformément couvertes de broussailles, de chênes verts, de bruyères et d'asphodèles. Presque jamais d'arbres au Maroc; mais, en revanche, toujours ces grandes lignes tranquilles des paysages vierges que n'interrompt ni une route, ni une maison, ni un enclos. Un pays inculte, à peu près laissé à l'état primitif, mais qui semble merveilleusement fertile; quelques champs de blé çà et là, quelques champs d'orge auxquels on ne s'est pas cru obligé de donner la forme carrée usitée chez nous et qui ont l'air de prairies d'un vert tendre. »

C'est au Maroc que le système de l'Atlas atteint son maximum d'altitude. Les géographes l'ont appelé Grand Atlas. Il se compose non de chaînes distinctes, mais de séries de groupes parallèles, étagés, réunis seulement par leur bases et parfois même isolés ; ces groupes sont séparés par de nombreuses vallées longitudinales souvent très étendues, coupées de distance en distance par des vallées transversales profondément affaissées, par lesquelles s'écoulent les eaux des montagnes.

L'ensemble de ce système est orienté du sud-ouest au nord-est, suivant une ligne sensiblement rectiligne, dont la légère convexité est tournée vers le Sahara.

Vers le nord, l'Atlas s'abaisse graduellement, tandis qu'il s'affaisse brusquement vers le sud par des pentes raides, parfois même presque verticalement et en murailles de rochers escarpés.

Les deux versants présentent encore un autre contraste : tandis que la face des monts tournée vers les vents pluvieux de l'Atlantique est çà et là verdoyante et qu'elle est même en certains endroits, notamment vers l'extrémité septentrionale, couverte d'admirables forêts, la face tournée vers le sud, au contraire, est nue et comme brûlée par le souffle aride du désert.

Le massif central est le djebel Aïachin. Le djebel Aïachin est une sorte d'immense Saint-Gothard, véritable nœud orographique et hydrographique du Maroc. Ce massif de 3.500 mètres d'altitude donne naissance à des chaînes latérales, parallèles, Moyen Atlas, Petit Atlas et Bani, qui constituent des faîtes de partage entre les bassins fluviaux divergents. Au nord-est de l'Aïachin, les montagnes sont très découpées et présentent, notamment dans le voisinage de l'oasis de Figuig, l'aspect de tours, de pyramides, de murs crénelés.

Les communications à travers le Grand Atlas sont rares : il existe bien un certain nombre de sentiers de mulets, mais ils sont extrêmement difficiles et périlleux.

Pour se rendre dans les vallées de l'oued Ziz, le passage le plus facile est celui du col fréquenté de Tizi-n'Teleghmt, qui contourne, au nord, le nœud central du massif; c'est là la voie historique des caravanes entre Fez et Timbouktou par le Tafilelt.

Plus loin encore, vers le sud-ouest, se succèdent plusieurs brèches, qui permettent de pénétrer du bassin de l'Oum er Rbia dans celui de l'oued Draa; les principales sont les trois cols des Glaoua, praticables pendant toute l'année.

Au delà du djebel Tissa, qui domine les Bibaouan avec une altitude de 3.350 mètres, l'ensemble de la chaîne s'abaisse pour aboutir au nœud orographique du djebel Ida. Du djebel Ida se détachent, suivant des directions qui cessent d'être parallèles à l'Atlas et tout en conservant le caractère abrupt et tourmenté de la grande chaîne, trois contreforts s'élevant par quelques cimes à plus de 1.000 mètres. L'un va finir, à l'ouest, au cap Guir; l'autre se termine brusquement au cap Sim, au-dessus de Mogador; enfin, le troisième, après avoir formé, au nord, le pays des Imtouga, se continue jusque sur les bords de l'oued Tensift.

Le djebel Aïachin, évidé par les eaux qui rayonnent dans tous les sens, donne naissance, au nord, à des massifs secondaires qui constituent des faîtes de partage entre les bassins fluviaux divergents.

Un important contrefort se dirige vers le nord, formant la ceinture de la vallée supérieure de la Moulouya. A l'extrémité de ce contrefort se dresse brusquement un soulèvement parallèle au Grand Atlas, sorte de nœud orographique secondaire, connu sous le nom de djebel Tamarakouit, se terminant, au-dessus de Mekness et de Fez, par un réseau de montagnes presque impénétrables. Il se fond en un plateau qui le relie aux montagnes du Riff. C'est au centre de ce plateau que se trouve la ville de Thaza, important point stratégique où passe la route de Fez à Tlemcen.

Nulle part, dans tout le Maroc, les montagnes n'atteignent aux proportions majestueuses des Alpes ou seulement des Pyrénées. Cette humilité des cimes est un malheur. Dans un pays à basse altitude, situé à la bouche même de l'immense foyer saharien, les glaciers, les vastes réservoirs qui font la fécondité de l'Europe rendraient d'inappréciables services. Mais, pour conserver les neiges permanentes, il faudrait que les montagnes fussent exhaussées de 2.000 mètres au moins. Il y a là une imperfection géographique qu'il n'est pas possible de corriger. Au moins peut-on empêcher qu'elle ne s'aggrave par l'action destructive du déboisement. Les accidents fortuits, l'incurie séculaire, la dent des animaux, la main de l'homme ont déjà fait un mal difficilement réparable. Les arbres, les gazons, puis les sources, puis la terre végétale, toutes les richesses du sol s'en vont l'une après l'autre; il ne reste plus que le roc chauve voué à la stérilité, qu'il projette au loin avec son ombre. Qu'on leur restitue l'ancienne parure des forêts, et les montagnes redeviendront fertiles; elles appelleront les pluies trop rares, assainiront l'atmosphère et, à défaut des grands fleuves qu'elles sont impuissantes à nourrir, elles verseront aux plaines l'eau des sources. Bien plus encore qu'en France, le problème du reboisement présente donc un caractère d'urgence, et l'on peut dire avec raison qu'il y a péril en la demeure.

En résumé, le large massif atlantique du Maroc est

formé de cinq chaînes parallèles, dont trois essentielles et deux secondaires. On a vu qu'il y a une arête principale, le Grand Atlas, dominant de beaucoup tout le reste. La plupart des fleuves du Maroc, Moulouya, El Abid, Tensift, Sous, Draa, Zis, Guir, y prennent leur source. Après lui vient le Moyen Atlas, le second en hauteur; deux fleuves sortent de son flanc : l'Oum Errebia et le Sebou. La moins élevée des trois chaînes principales est le Petit Atlas : il ne donne naissance qu'à des rivières. Quant aux deux chaînes secondaires, seuls de petits cours d'eau en sortent.

Hydrographie.

Nulle partie de l'Afrique du Nord n'est aussi abondamment arrosée que le Maroc. La hauteur du système montagneux assure aux différents fleuves un débit d'eau considérable, tandis que le régime des pluies y entretient une humidité relativement considérable, ce qui achève de donner un caractère très spécial à cette partie de l'Afrique que l'on a parfois appelée, non sans raison, « la Normandie africaine ».

La haute chaîne de l'Atlas, que les indigènes nomment Idraren Drann, protège le pays contre l'effet desséchant des vents du désert dont souffre le Sud-Ouest. Elle donne naissance à un grand nombre de rivières importantes. Les principales qui débouchent dans l'Atlantique sont : le Tensift, l'Oumm er Rebia, l'Abouregreg et le Sebou; dans la Méditerranée ne se jette qu'une seule rivière, la Moulouya, qui coule près des frontières algériennes.

Plusieurs de ces rivières, et particulièrement le Sebou, pourraient être navigables sur des longueurs considérables. Mais les Marocains sont si peu navigateurs, depuis qu'ils ont dû renoncer à la piraterie, qu'ils ont à peine les bacs nécessaires pour transporter les voyageurs et les caravanes sur les fleuves, fort larges vers leur embouchure.

Le Sebou, à l'estuaire sablonneux duquel ne se trouve pas même un village et encore moins une ville, deviendrait une voie fluviale commode et importante vers Fez. Il est vrai qu'il n'atteint pas la ville elle-même, mais s'en écarte un peu au nord. Il faudrait opérer des sondages; mais il est presque certain que de petits vapeurs remorquant des bateaux plats transporteraient plus vite et à meilleur compte, jusqu'auprès de la résidence, les nombreuses marchandises qui sont aujourd'hui portées de Tanger à Fez à dos de chameau. Les Marocains eux-mêmes sont beaucoup trop indolents pour une telle entreprise, surtout à cause des travaux et des études préliminaires qu'elle nécessiterait. De leur côté, les Européens n'engageraient pas en les circonstances actuelles leurs capitaux dans les travaux d'essai qui, même s'ils donnaient d'heureux résultats, n'auraient pas les garanties de sécurité indispensables pour assurer l'exécution d'une entreprise utile et fructueuse.

A son embouchure, le Sebou est assez large, mais une barre rend difficile l'entrée des navires venant de l'Océan; il serait aisé d'y tenir ouvert un chenal étroit; cela contribuerait essentiellement à l'essor du trafic, si pénible aujourd'hui. Dès que l'une des trois puissances européennes qui convoitent le Maroc aura atteint son but, la navigabilité du Sebou sera aussitôt l'objet de son attention.

Parmi les cours d'eau qui sortent du versant Sud-Ouest de l'Atlas, l'oued Sous, l'oued Noun et l'oued Draa atteignent seuls la mer en hiver; les rivières plus à l'est, comme l'oued Guir, l'oued Figuir, l'oued Zig et l'oued Malah, se perdent dans les sables du désert. Les trois premières ne roulent même que rarement de l'eau dans leurs cours moyen et inférieur, et cela n'arrive pas tous les hivers. Un autre motif pour lequel une partie des rivières qui sortent de l'Atlas n'atteignent pas la mer est que l'eau de leur cours supérieur se trouve employée à la culture, en sorte qu'il en parvient très peu dans leurs parties moyenne et inférieure.

Dans la région des plus hauts sommets de l'Atlas, il existe une ligne de partage des vallées longitudinales qui rejette à la mer, vers l'ouest, l'oued Sous, l'oued Noun, l'oued Draa, etc., tandis que l'oued Guir, l'oued Figuig, l'oued Ziz se détournent vers le sud-est pour arroser les grands groupes d'oasis de Figuig, du Touat et du Tafilet et pour se perdre ensuite dans les sables du désert.

Le climat.

Le Maroc, dans son ensemble, est mieux partagé que l'Algérie pour l'abondance des pluies. Tandis que l'Algérie reçoit du nord les pluies qui la fécondent, le Maroc, à l'exception du bassin de la Moulouya et du Riff, qui appartiennent encore au Tell méditerranéen, est compris dans la zone des vents alizés et exposé à l'influence des effluves de l'Atlantique. Les vents d'est eux-mêmes, d'ordinaire très secs dans le bassin de la Méditerranée, apportent une forte part d'humidité : la péninsule de Tanger est baignée de toutes parts par une atmosphère humide. Enfin, les neiges perpétuelles du Grand Atlas uniformisent le régime des rivières tout au moins dans la partie supérieure de leur cours.

Il résulte de ces différences dans le régime des vents et des pluies que le Maroc présente des climats différents. La région du littoral de la Méditerranée se trouve dans les conditions climatériques de l'Algérie; celle du littoral de l'Atlantique jouit d'une température à peu près uniforme.

A mesure que l'on s'éloigne de la côte, l'air devient plus sec et la chaleur plus sensible. A Merrakech, la température moyenne est de +18°.

Ce n'est que dans les régions montagneuses que reparaît la forêt ininterrompue. Dans ces régions, le climat varie suivant l'altitude. La végétation y est très belle et la couche d'humus très épaisse.

Les sommets les plus élevés du Grand Atlas sont couverts de neiges éternelles; les autres sont nus, incultes et pierreux.

Au sud du Grand Atlas commence la région saharienne, où la roche nue, que l'on voit seule, est comme calcinée par le souffle brûlant du chehili qui, en juillet et en août, remonte des sables.

Sauf quelques points restreints le long des contrées marécageuses de certains fleuves, le climat du Maroc est très sain; les maladies épidémiques y sont rares. Dans les villes, ce sont les affections rhumatismales, les maladies de la peau et la fièvre typhoïde qui s'y rencontrent le plus fréquemment. La petite vérole y fait parfois, surtout parmi les enfants, de grands ravages, aucune mesure prophylactique n'étant prise, comme étant contraire à l'esprit du Coran maghrébin.

Il existe des léproseries à Merrakech et dans certaines villes de l'intérieur.

II

GÉOGRAPHIE ÉCONOMIQUE

Agriculture.

La formation et la constitution du sol sont, au Maroc, aussi favorables à la culture que le climat. La haute chaîne de l'Atlas n'occupe pas relativement une partie considérable de la surface des collines; de larges vallées fertiles et des plaines étendues dominent. L'eau est généralement abondante dans la partie Nord du pays et toutes les plantes cultivées de l'Europe méridionale et centrale y poussent parfaitement : la canne à sucre et le mûrier y ont été plantés avec succès.

Les céréales dont l'exportation est permise, le maïs, les pois, les lentilles, les haricots sont cultivés sur des étendues qui s'accroissent constamment. Mais l'insécurité du pays et l'indolence des habitants sont trop grandes pour qu'un progrès important puisse être constaté.

Le Maroc pourrait donner dix fois plus que ce qu'il produit réellement, mais son fâcheux état politique empêche chacun de cultiver au-delà de ce dont il a besoin. Les grains les plus importants sont le froment et l'orge; cette dernière sert, avec des fourrages verts, à l'alimentation des chevaux, des mulets et des chameaux. Mais, comme ces grains ne peuvent être exportés et comme les amils prennent, sous un prétexte quelconque, les excédents de récolte de leurs administrés, on ne leur laissant que le strict nécessaire pour leur ménage, les gens des campagnes n'ont aucune tendance et ne reçoivent aucun encouragement à cultiver une partie plus étendue d'un sol fertile.

Le Maroc est encore assez riche en forêts, quoique hommes et bêtes travaillent à les détruire. Les pentes de l'Atlas, jusques assez loin dans les vallées, sont couvertes de forêts qui renferment des bois de construction dont une partie est précieuse. Dans la contrée d'El Marmora, près de Rabat, se trouvent d'immenses forêts de chênes-lièges, qui accroîtraient la richesse du pays si on les exploitait. Cet arbre utile croît fréquemment aussi sur les montagnes des environs de Tétouan et de Ceuta. Pourtant presque tous les bois de construction viennent de Suède et d'Amérique, car les forêts sont inabordables, faute de chemins et de moyens de transport.

Non seulement les nombreux troupeaux de moutons et de chèvres détruisent les bois, mais encore les bergers mettent, comme en Algérie, le feu aux forêts pour améliorer les pâturages.

Elevage.

Au Maroc, l'élevage surtout est de grande importance et donne, en général, de bons résultats. Il y a une quantité de tribus arabes et, dans l'Atlas, quelques tribus berbères qui ne cultivent pas du tout le sol et préfèrent se déplacer avec leurs troupeaux. Comme l'exportation des moutons est interdite et que celle des bœufs n'est permise que de Tanger et sur une échelle restreinte, on n'exporte que des peaux et des laines, le tout en assez grande quantité.

On estime la richesse du pays en animaux domestiques à 40 millions de moutons, 10 à 12 millions de chèvres,

5 à 6 millions de bœufs, un demi-million de chameaux ou de chevaux et enfin 4 millions de mulets et d'ânes.

Les laines du Maroc sont estimées.

Le cheval berbère est plein d'endurance et de vitesse, mais la race est pourtant visiblement dégénérée. Elle fournit encore une bonne remonte à la cavalerie et vaut certainement mieux que celle des chevaux algériens ou tunisiens. Il n'y a plus de chevaux berbères pur-sang que dans les écuries du Sultan. L'exportation des chevaux est strictement interdite et ceux-là seuls peuvent quitter le pays qui sont destinés à être donnés en présent par le Sultan aux souverains étrangers ou à leurs ambassadeurs. Ce sont généralement de bons chevaux des haras impériaux.

Industrie.

L'industrie marocaine s'est mieux conservée que dans les autres pays musulmans, par suite de l'isolement systématique du pays des nations civilisées. Pour le même motif, elle est restée stationnaire et a conservé le caractère d'une industrie encore réduite, de nos jours, aux procédés antiques de fabrication.

Les tissus, les broderies, les cuirs et les poteries du Maroc sont célèbres. Les longs fusils entre les mains de tous sont fabriqués et décorés exclusivement à l'intérieur du pays, à Tétouan, Fez, Taroudant, et dans d'autres endroits. Au sud-est de l'Atlas, sur l'ancienne route commerciale de Timbouctou et du Soudan, on trouve encore des traces intéressantes de l'industrie métallurgique.

On observe, depuis peu d'années, les grands efforts de l'Allemagne pour imiter l'industrie marocaine et apporter dans ce pays des objets manufacturés économiquement et mécaniquement. Au reste, les produits de l'industrie marocaine ne sont pas encore assez protégés contre la concurrence européenne par un droit d'entrée de 10 p. 100. Il est très vraisemblable que le Maroc aura le même sort que les autres pays situés hors d'Europe, dont l'industrie, jadis fort développée, disparaît aujourd'hui, à mesure que les relations se multiplient et que les moyens modernes de locomotion rendent l'intérieur de chacun d'eux plus accessible. Mais, jusqu'ici, le manque de routes, de chemins de fer et de voies navigables rend le transport des marchandises beaucoup plus coûteux; tout doit être transporté à dos de chameau, de mulet ou d'âne et ces lourdes caravanes se meuvent très lentement.

L'exportation du Maroc est très insignifiante par rapport à la masse des produits du sol, car le gouvernement a interdit la sortie des articles les plus importants et les plus précieux.

Commerce.

Le commerce d'exportation se compose de : huiles d'olive et d'argan, peaux, laines, alfas, tapis et nattes, citrons et oranges, dattes, gommes, amandes, cire, plumes d'autruche; on ne peut exporter les chevaux que par permission spéciale.

Le commerce d'importation se compose de : cotonnades anglaises, sucre, thé, café, fer, cristal, bougies, quincaillerie, draps d'Allemagne, allumettes. Ces produits sont frappés d'un droit de 10 p. 100 à la douane.

Les seules puissances qui aient des intérêts sérieux dans le pays sont : la France, l'Angleterre, l'Espagne. En particulier, les Espagnols sont considérés comme les ennemis héréditaires des Marocains, lesquels n'ont pas oublié que les Almoravides régnaient à Grenade.

En 1898, le mouvement commercial de la France

était de 167.880 tonnes et celui de l'Angleterre de 171.780 tonnes.

Quelques négociants de Fez voyagent et entretiennent des agents maures ou arabes dans les principales villes. De leur pays ils n'apportent que de la cire et de la laine, car l'industrie marocaine est très restreinte et on peut dire que les étoffes, les armes, les peaux et les poteries sont les seuls produits qui attirent l'attention des Européens.

Les étoffes se fabriquent surtout à Fez et à Maroc. Ce sont des haïks pour les femmes, des turbans pour les hommes, des écharpes, des foulards, tissus de soie d'une grande finesse, entremêlés d'or et d'argent le plus souvent en raies droites et parallèles, blancs ou de couleurs vives et harmonieuses, beaux au premier aspect, mais peu résistants.

Les bonnets de laine rouge qui ont pris le nom de la ville de Fez sont cependant très forts et très fins; les tapis que l'on fabrique à Rabat, Casablance, Maroc, sont admirables pour la solidité de leurs tissus et la richesse de leur coloris. De Tétouan proviennent en grande partie ces fusils damasquinés, incrustés d'or, d'argent et d'ivoire, si légers et si élégants de forme.

Les peaux, la principale source de profit pour le pays, se préparent habilement dans diverses provinces. Les peaux écarlates de Fez, les jaunes de Maroc, les vertes du Tafilet sont encore dignes de leur vieille réputation. Les poteries émaillées sont une spécialité de Fez, mais il est rare d'y retrouver la noblesse et la pureté des formes antiques, et leur principal mérite est la vivacité des couleurs et une certaine originalité sauvage de dessin qui n'a rien d'esthétique, mais qui séduit l'œil. Il y a aussi à Fez un grand nombre de joailliers et orfèvres qui font des choses simples d'assez bon goût, mais peu variées.

Ce qui est plus remarquable que les bijoux, ce sont les meubles de Tétouan, des vases de cuivre gravés en dessins compliqués, ornés d'émail vert, rouge et bleu; et surtout les mosaïques pour les murailles et les pavés, composées avec un goût exquis par d'habiles ouvriers qui taillent la pierre avec une admirable précision.

Il est certain que ce peuple est doué de merveilleuses aptitudes et que l'industrie prendrait un grand accroissement, comme l'agriculture qui fut jadis florissante, si le commerce leur donnait la vie; mais le commerce est entravé par les prohibitions, les restrictions, les monopoles, les tarifs excessifs, les modifications perpétuelles, l'inobservance des traités; et, bien que les gouvernements européens aient beaucoup obtenu dans ces dernières années, il n'est rien auprès de ce qu'il deviendrait facilement, grâce aux richesses naturelles et à la situation géographique du pays, sous un gouvernement civilisé.

Le commerce le plus important, quant à l'Europe, se fait avec l'Angleterre, après laquelle viennent la France et l'Espagne qui envoient des céréales, des métaux, du sucre, du thé, du café, de la soie grège, des tissus de laine et de coton et reçoivent, en échange, de la laine, des peaux, des fruits, des sangsues, de la gomme, de la cire et beaucoup de produits de l'Afrique centrale. Le commerce qui se fait par Fez, Taza et Oudjah (et il n'est pas sans importance, bien qu'inférieur à ce que devrait produire le voisinage des deux pays) comprend, outre les tapis, les ceintures, les cordons et tout ce qui concerne l'habillement maure et mauresque, des bracelets, des anneaux de jambe en argent et en or, des vases de Fez, des mosaïques, des parfums, de l'encens, de l'antimoine pour les yeux, du henneh pour les ongles, et toutes les autres teintures à l'usage du beau sexe africain.

Le commerce avec l'intérieur de l'Afrique est plus ancien, plus régulier et plus considérable. De grandes caravanes partent chaque année, emportant des étoffes de Fez, des draps anglais, du jais de Venise, du corail d'Italie, de la poudre, des armes, du tabac, du sucre, des petits miroirs d'Allemagne, des hachettes de Hollande, des boîtes du Tyrol, de la quincaillerie d'Angleterre et de France et du sel que l'on recueille en route dans les oasis du Sahara : leur voyage est comme une foire ambulante dans laquelle toutes ces marchandises sont échangées contre des esclaves noirs, de la poudre d'or, des plumes d'autruche, de la gomme blanche du Sénégal, des bijoux d'or de Nigritie, qui vont ensuite en Europe et en Orient.

La gît, pour l'Europe, l'importance majeure du Maroc, porte principale de la Nigritie, où se rencontreront, le jour où elle sera ouverte, le commerce de l'Europe et celui de l'Orient. En attendant, la civilisation et la barbarie s'en disputent le seuil.

Ethnographie.

« Les contrées et les climats, écrit le général Noëllat, ont leurs races humaines comme elles ont leur faune et leur flore. Ces races sont des produits nécessaires des conditions locales; aussi durent-elles autant que ces conditions, et l'on voit le type local se perpétuer à travers les âges malgré toutes les révolutions politiques, les conquêtes ou les invasions du pays qui le produit. Le caractère du Gaulois se retrouve dans le Français, malgré le mélange de sang allemand; le type du vieux Saxon-Anglais a absorbé le type du conquérant franco-normand; les races métisses de l'Amérique méridionale subissent de nos jours une régression qui ramène les traits du caractère espagnol vers ceux du caractère indien; enfin, sous nos yeux, en Algérie, au Maroc, en Tunisie, nous retrouvons le nomade sémite tel que nous le dépeignent les récits bibliques. »

Cette permanence du type humain dans chaque contrée a eu pour conséquence ce fait historique toujours vérifié, que deux races jetées l'une sur l'autre par la conquête ne fusionnent qu'à la condition d'être physiologiquement voisines l'une de l'autre. Au cas contraire, elles demeurent indéfiniment face à face, réunies sur le même sol et pourtant séparées par leurs instincts et leurs modes de vie.

Ce fait apparaît clairement au Maroc. Deux races l'habitent : le Berbère, l'Arabe. Le premier est autochtone; le second, étranger. Le premier est montagnard et agriculteur, le second est nomade et l'homme des plaines sablonneuses. Les instincts du Berbère l'ont fait sédentaire, propriétaire, aimant le travail, sociable, généralement monogame, capable de s'élever aux idées supérieures de patrie, de grande confédération pour la défense du sol et de la liberté publique. Il se rapproche du type européen; on peut espérer une fusion avec ce type. On peut surtout être certain qu'un pays qui a produit une race si voisine des races aryennes peut accueillir avec fruit l'expansion de celles-ci.

L'Arabe, c'est l'ancien pillard gétule, aussi hostile aux populations telliennes du temps de Massinissa que de nos jours; à l'époque de la conquête musulmane, il s'est renforcé de toutes les hordes venues de l'Hedjaz, de races sémites, à instincts semblables aux siens; fort de cet appui, il a refoulé le Berbère dans les montagnes et s'est largement installé dans ces plaines si fertiles et si belles, dont le climat convenait d'ailleurs à ses habitudes nomades.

Les races. Les dominations.

« Depuis le Maghreb jusqu'à Alexandrie, depuis la mer romaine jusqu'aux pays des noirs, toute cette région a été habitée par la race berbère, et cela depuis une époque dont on ne connaît ni les événements antérieurs, ni même le commencement. »

Ainsi s'exprime l'historien musulman Ibn Khaldoun.

Cette race, les écrivains de l'antiquité classique ne paraissent pas en avoir soupçonné l'unité. On peut dire, en effet, qu'il n'existe pas de race absolument pure et ce n'est pas dans l'Afrique du Nord que cette loi générale rencontre une exception. Dans ce pays, qui touche au Soudan par le sud, à l'Europe par le nord et par l'est à l'Orient, dans ce vaste carrefour où viennent se croiser trois mondes, il a dû se produire de tout temps une immense circulation humaine.

On peut dire que, dès la plus haute antiquité, l'Afrique septentrionale a reçu des populations orientales. Ainsi s'explique la parenté incontestable de la vieille langue berbère avec les dialectes sémitiques. Quoi qu'il en soit, la race nord-africaine était constituée dix siècles au moins avant l'ère chrétienne, et assez solidement pour persister à travers toutes les péripéties de l'histoire. Sous les couches superficielles dont la recouvrirent les invasions, elle devait toujours former le fond durable et tenace de la population indigène.

Les siècles de la domination romaine ne furent pas stériles pour l'Afrique. La colonisation avait suivi de près les progrès de la conquête. César donna l'exemple en relevant Carthage. Autour d'elles se groupèrent les villes importantes. Elles étaient plus rares dans la Mauritanie, où la colonisation romaine, procédant non comme la nôtre du nord au sud, mais de l'est à l'ouest, ne pénétra jamais profondément. Cependant, on y trouvait déjà Tingi (Tanger).

Dès 644, l'islamisme, maître de l'Egypte, poussait ses avant-gardes vers le Maghreb. Les Grecs, enfermés dans Tiaret et Tanger, laissèrent passer cet ouragan.

Après cette irruption islamique, les soulèvements et les guerres civiles commencèrent. Un chef de la tribu des Zenata s'empara de Fez et y fonda un royaume. Il y eut dès lors dans l'Afrique du Nord trois Etats : l'un dans le Maroc actuel, le deuxième au centre à Bougie et le troisième dans l'Est.

Au XIIe siècle, au fond du Maroc, une sorte de marabout osa s'attaquer à la puissance almonavide. Il se présenta aux montagnards de l'Atlas comme le Mahdi attendu. Lui mort, Abd el Moumen lui succéda et devint un des plus puissants souverains du monde. Le maghreb entier tomba dans ses mains. Il eut une armée, une flotte, une administration régulière.

Pendant longtemps l'Afrique connut la sécurité; mais, en 1200, l'empire des Almonavides se divise. En 1229, le sultan Mérinide entre dans Maroc.

A la fin du XVe siècle, l'anarchie était générale et semblait appeler la conquête étrangère : c'est le moment où les Portugais s'emparent de Ceuta et de Tanger.

Population.

Ce pays, enfermé entre la Méditerranée, l'Algérie, le désert du Sahara et l'Océan, traversé par la grande chaîne de l'Atlas; ce pays, où s'ouvrent des plaines immenses, où règnent tous les climats, où la nature a semé des richesses inestimables; ce pays, destiné par sa situation géographique à être une grande voie commerciale entre l'Afrique centrale et l'Europe, est occupé aujourd'hui par huit ou dix millions environ d'habitants, berbères, maures, juifs, nègres ou européens, dispersés sur une étendue de terrain plus vaste que la France.

Les *Berbères*, qui forment le fond de la population indigène, sauvages, turbulents, insoumis, vivent dans les montagnes inaccessibles de l'Atlas, presque indépendants de l'autorité impériale.

Les *Arabes*, ce peuple conquérant, occupent les plaines, encore nomades et pasteurs et n'ayant pas perdu toute la fierté du caractère antique.

Les *Maures*, Arabes croisés et dégénérés, descendants surtout des Maures d'Espagne, habitent les villes et ont entre les mains toutes les richesses, les charges et le commerce.

Les *nègres*, au nombre de 500.000 environ, viennent du Soudan et sont, pour la plupart, domestiques, ouvriers ou soldats.

Les *Juifs*, presque aussi nombreux que les noirs, descendent pour la plupart des Juifs exilés d'Europe au moyen âge et sont opprimés, haïs et persécutés. Ils exercent les arts et métiers.

Les Européens, que l'intolérance musulmane repousse peu à peu de l'intérieur de l'empire vers la côte, sont moins de 3.000 dans tout le Maroc, habitent presque tous à Tanger et vivent librement à l'abri des pavillons des consulats.

Cette population hétérogène, éparse, disparate, est opprimée plutôt que régie par un gouvernement militaire qui suce comme un gigantesque polype tous les sucs vitaux de l'Etat. Sous la pression de ce gouvernement et dans le cercle inflexible de la religion musulmane, tout ce qui, dans les autres contrées, s'agite et progresse, reste ici pétrifié ou écroulé.

Il est toujours délicat et incertain d'évaluer le nombre des habitants d'un pays mahométan, surtout d'un empire aussi peu parcouru que le Maroc. Il est donc facile de comprendre que nous possédons sur la population de ce pays les données les plus contradictoires et que des chiffres qui reposent sur de simples estimations diffèrent entièrement.

D'après l'évaluation d'un ancien ministre de France, M. Tissot, qui s'occupe activement de la topographie et des antiquités du Maroc, la population de ce pays ne peut être estimée au-dessous de 12 millions.

Bien que la population actuelle soit formée de tous les peuples qui ont vécu au Maroc dans la suite des siècles ou qui l'ont traversé, en particulier de Mauritaniens, de Romains, de Visigoths, de Vandales, de Byzantins et d'Arabes, elle constitue aujourd'hui une race d'une unité telle que bien peu d'Etats modernes en possèdent. Le long isolement de cette contrée et surtout l'unité religieuse ont eu pour résultat d'obtenir ce que la science de l'homme d'Etat poursuit en vain dans maint pays civilisé.

III

ORGANISATION SOCIALE

Etat social.

Le territoire que nos cartes désignent sous le nom de Maroc ne constitue pas, pour ses habitants, un pays dont les diverses tribus forment les éléments. En effet, pour eux, la nation telle que nous l'entendons, la patrie, en tant qu'expression politique et géographique, sont des mots vides de sens. La patrie du Marocain, c'est sa tribu, à laquelle se limite son sentiment de la solidarité; hors de ce clan, il ne voit qu'indifférents et ennemis. De là viennent ses révoltes quand on veut toucher à son indépendance, ne serait-ce que pour l'amener à contribuer par les impôts au fonctionnement de la machine gouvernementale, dont il n'entrevoit même pas le principe et dont il refuse de se considérer comme un rouage.

Moins belliqueux de caractère, et aussi moins secondé par la nature de son pays dans ses tentatives de résistance, l'Arabe de la plaine a de tout temps accepté le joug du pouvoir.

Mais il n'en est pas de même des populations berbères des montagnes, et là est l'explication de l'état d'anarchie où elles vivent et dont s'accommodent fort bien leurs allures.

Instruction publique.

L'instruction publique est presque nulle au Maroc. A quelques mosquées sont annexées des écoles publiques. Les enfants y apprennent à lire en épelant les versets du Coran et à écrire en traçant sur des planchettes polies les mots du livre saint.

Quand on veut pousser plus loin l'éducation de l'enfant, on l'envoie dans une sorte de collège, d'où il ne sort que pour entrer à l'université de Fez.

La théologie musulmane, seule base du droit et des lois, est toute la science des savants du Maghreb.

Langue.

La langue enseignée dans les écoles est l'arabe du Coran, mais le langage vulgaire est tout autre; c'est un arabe mêlé d'expressions et de locutions espagnoles, portugaises, italiennes et même françaises.

L'écriture est très difficile à déchiffrer, ce qui oblige toujours à lire en chantant. Il n'y a, du reste, pas d'imprimerie au Maroc; aussi la calligraphie y est-elle en si grand honneur que tout individu qui possède une belle écriture passe pour un homme supérieur.

Arts.

Les arts sont encore plus négligés que les sciences et les lettres : pas de peinture, pas de sculpture, la religion défendant la représentation des être animés; pas de musique non plus, si ce n'est une espèce de psalmodie sans harmonie et sans rythme.

Architecture.

L'architecture n'est guère plus florissante et on a peine à retrouver des traces de l'élégant style arabe sur les murailles du Maroc, lourdes et massives. On rencontre bien çà et là, dans les mosquées et dans quelques palais de Fez, la profusion des colonnes, les portes à ogives, les nefs surbaissées, le cintre rétréci à sa base en forme de croissant renversé; mais ce n'est plus cette gracieuse et charmante architecture d'autrefois dont l'Alcazar, l'Alhambra, la Mesquita, sont encore aujourd'hui des modèles inimitables.

Religion.

« La religion, surtout dans l'Orient, terre théocratique par excellence, est le mobile des peuples; leur nationalité est dans leur dogme et leur destinée dans leur foi. » (Lamartine.)

On peut dire que l'islam est la seule religion du pays. Le Sultan n'a pas un seul chrétien pour sujet. Tous ceux qui vivent dans le pays appartiennent à des Etats étrangers, ou, quand ils n'ont pas de nationalité, sont pris sous la protection des puissances chrétiennes représentées au Maroc. Au point de vue marocain, le système de l'exclusion a sa raison d'être et son utilité, car, en l'appliquant, on a évité les difficultés que les habitants chrétiens ont créées aux gouvernements dans les autres Etats musulmans, et qui n'ont pas toujours été tranchées simplement par la voie diplomatique.

Au Maroc, presque tout s'explique par le Coran, qui est la loi suprême des musulmans. Chez eux, le Coran passe pour avoir été dicté par Dieu lui-même. Ses versets sont des axiomes dont il est interdit de s'écarter.

Les congrégations religieuses sont très nombreuses au

Maroc, la moitié au moins de la population des villes appartient à un ordre quelconque. Chaque congrégation se rattache à des zaouïas qui existent soit au Maroc, soit dans d'autres pays musulmans.

Justice.

Au Maroc, la justice est rendue d'après le Coran, par les cadis dans les villes et dans les districts. Mais la législation du Coran n'est pas favorable aux relations commerciales et les tribunaux des cadis, en particulier, ne peuvent mettre les parties non mahométanes sur le même pied que les musulmanes. Aussi les gouvernements chrétiens se sont-ils vus forcés d'assurer à leurs consuls, par leurs traités avec le Maroc, la prérogative de décider, non seulement quand les deux parties sont étrangères, mais aussi dans les cas où un Maure se plaint d'un de leurs nationaux; en ce cas, le Maure est ainsi soumis à la justice européenne et à des lois complètement inconnues de lui.

Dans ces derniers temps, on a paru vouloir renoncer, au moins en partie, à la justice des consuls d'une part, et à celle des cadis de l'autre, au grand avantage, il faut bien le dire, des parties, de quelque nationalité qu'elles soient. On a proposé de remettre la décision des affaires à des arbitres choisis par elle, c'est-à-dire par les représentants étrangers et par les autorités du pays. Ces arbitres auraient surtout à jouer un rôle dans les litiges commerciaux; mais la justice arbitrale n'a pu, jusqu'ici, trouver aucune place dans les traités internationaux.

Le juge suprême du pays est le cadi de Fez ou cadi el djemmah. Le cadi el djemmah est nommé par le Sultan et nomme lui-même, pour chacun des quarante-quatre districts du pays, un caïd el amalah qui, de son côté, a le droit de nommer les juges des différentes tribus.

L'appel des juges de district au juge suprême de Fez est non seulement facultatif, mais souvent les parties franchissent la première instance et portent leurs plaintes directement au siège du caïd el djemmah.

Les peines sont, au Maroc, d'une effrayante cruauté, et si la peine de mort est en réalité supprimée hors pour les crimes politiques, elle est remplacée par la prison perpétuelle, où les condamnés meurent de faim et de misère. C'est dans la férocité à l'égard des prisonniers, qui ne sont pas tous des criminels de droit commun, que se révèle sous son jour le plus triste l'état de barbarie dans lequel se trouve encore le pays.

Finances.

Le Maroc n'a pas de budget dans le sens propre du mot; il n'a pas de dette; sa fortune est celle du Sultan, et est constituée par le produit des douanes, des impôts, des contributions de guerre que le Makhzen lève pendant ses expéditions.

Recettes. — Les principales sources de recettes sont les suivantes :

Les produits du domaine privé du Sultan; les présents apportés par les habitants; le produit des troupeaux et la dîme des revenus du sol; les amendes qui sont infligées et levées, partie par le Sultan lui-même, partie par les amils dans leurs cercles, constituent une des sources de revenu les plus abondantes. La population, constamment pourvue d'armes à feu, est toujours prête à différer ou à refuser complètement le payement des contributions dues au Sultan, quand elle croit le gouvernement trop faible pour employer la force. Par suite, il y a toujours des arriérés qui motivent des expéditions de la part du Sultan ou de ses représentants. Le Sultan est forcé de faire, pour ainsi dire annuellement, une petite campagne qui finit toujours aux dépens des révoltés et lui rapporte de nouveaux revenus. Ce mode de perception des impôts est l'un des points les plus faibles de l'empire marocain.

Citons encore : les droits à l'importation et à l'exportation, les octrois, les monopoles, le produit des monnaies...

On estime que les recettes de l'empire s'élèvent à une somme de 14 millions.

Dépenses. — Il est difficile de les évaluer par chapitre même approximativement, car tout se fait par l'intermédiaire de la caisse centrale de Fez.

Le fait que le Sultan, malgré des revenus si peu considérables par rapport à l'étendue de son empire, épargne chacun année 1 million et demi de douros qu'il peut déposer dans son trésor, s'explique par ce fait que d'importantes branches de l'administration qui, dans les Etats civilisés, absorbent de grandes sommes, ne coûtent au Maroc absolument rien. Une grande partie de l'armée est entretenue également sans qu'il en coûte à l'Etat aucune somme en argent monnayé. Le gouvernement dépense aussi peu pour l'industrie, le commerce, l'agriculture et la navigation que pour les routes, les ponts, et, en général, les travaux publics. Au Maroc, il n'existe aucune route carrossable; les forteresses tombent en ruines.

Dans ces conditions, il n'y a pas à s'étonner que de faibles revenus dépassent des dépenses plus faibles encore et qu'un trésor d'argent monnayé et d'objets précieux ait pu être rassemblé sans qu'on en puisse établir exactement l'importance.

L'armée.

Il est difficile au Maroc de savoir quelque chose de l'armée, qui est le plus mystérieux de tous les mystères. On dit, par exemple, qu'en cas de guerre sainte, quand la loi Djeha est proclamée et que tous les hommes valides sont appelés sous les armes, l'empereur peut rassembler 200.000 hommes; mais sur quelles bases s'appuie ce chiffre, puisqu'on ne sait même pas approximativement à combien se monte la population de l'empire?

Qui connaît la force de l'armée régulière? Qui peut réussir à savoir quelque chose, non seulement du nombre, mais de l'organisation, si, à l'exception des chefs, tout le monde l'ignore et si les chefs, ou se refusent à répondre, ou ne disent pas la vérité, ou ne savent pas se faire comprendre?

Recrutement. — Dans les tribus du maghzem qui forment une colonie militaire, le recrutement se fait à peu près régulièrement, à raison de un combattant par foyer. Mais, dans les autres tribus, la seule règle est le bon plaisir des caïds. Lorsque le Sultan a besoin de soldats, ces fonctionnaires lèvent des recrues dans les familles qui n'ont pas d'argent à lui donner et les envoie au maghzen; pour qu'ils ne s'échappent pas, ils les font le plus souvent enchaîner pendant la route. Ces soldats doivent rester en service jusqu'à leur mort, à moins qu'ils ne se fassent remplacer par une personne de leur famille.

Il en résulte que, dans l'armée marocaine, on trouve côte à côte des vieillards et des enfants. « ...Mais quels soldats! écrit un ambassadeur d'Italie décrivant ses impressions à son entrée à Fez : il y a des vieillards, des hommes mûrs, des garçons de 12, 15 et même 9 ans, vêtus de rouge écarlate, avec les jambes nues et les babouches jaunes, alignés sans ordre sur un seul rang, les commandants sur leur front. Ils nous présentent, chacun à sa façon, leurs fusils rouillés à baïonnettes tordues. Celui-ci tient un pied en avant, celui-là les jambes écartées; l'un laisse tomber le menton sur la poitrine, l'autre penche la tête sur une épaule. Quelques-uns ont mis leur veste rouge sur la tête pour se garantir du soleil. De distance en distance, il y a un tambour, un trompette, cinq ou six drapeaux les uns à côté des autres. On ne distingue aucunes divisions en bataillons ou compagnies; on dirait des soldats de carton rangés par un enfant! »

Guich. — La base de l'armée est la réunion des combattants formant un « guich ». Le guich, dont l'effectif dépasse rarement 9.000 hommes, se compose d'une partie sédentaire et d'une partie active qui alimente les escadrons et presque tout le personnel administratif. Les cavaliers du guich sont à la fois soldats et agents du gouvernement, à peu près comme nos gendarmes.

ARTILLERIE. — Il y a au Maroc les deux sortes d'artillerie : l'artillerie de forteresse et l'artillerie de campagne.

Artillerie de campagne. — Le guich fournit aussi l'artillerie de campagne, qui se compose de deux bataillons, formant quinze mia ou compagnies de 100 hommes, rarement au complet. Le matériel se compose de pièces très diverses. La plupart des connaissances que possèdent les officiers sont dues à un ancien officier du génie français, nommé de Sorty, qui a vécu au Maroc pendant plus de trente ans, sous le nom d'Abd er Rhaman.

Artillerie des ports. — La défense des ports est confiée à un petit nombre de canonniers sédentaires (une centaine ou deux par port) et qui servent de père en fils. Leur service se borne à monter la garde et à tirer des salves de réjouissance.

Le matériel se compose d'un certain nombre de canons des modèles les plus divers. Les affûts sont vermoulus et les pièces sont trop serrées, en sorte qu'un seul obus pénétrant dans une batterie y produirait des désastres.

A Tanger, on voit six canons Armstrong de 20 tonnes, installés dans trois batteries avec réduit construites par des ingénieurs de Gibraltar. A Mogador, les canons qui avaient été encloués par les marins français n'ont pas été réparés et les projectiles lancés par notre escadre sont encore au pied des parapets.

L'artillerie des ports, qui a précédé l'artillerie de campagne, renfermait autrefois un certain nombre de renégats et déserteurs de toutes nations. Ils procurèrent au Sultan des pièces légères et s'en servirent avec succès dans les expéditions; souvent leur seule apparition mettait l'ennemi en fuite. Actuellement, il n'y a plus au Maroc qu'un petit nombre de ces malheureux; ils mènent d'ailleurs une existence cent fois plus misérable que celle à laquelle ils avaient cherché à échapper en quittant leur pays.

INFANTERIE. — L'effectif total de l'infanterie ne dépasse pas 7.000 hommes. L'armement est très mauvais; l'équipement est fantaisiste. Un bataillon, instruit par des Anglais, sert uniquement à figurer dans les cérémonies et à rendre les honneurs aux ambassadeurs.

Les chefs ignorent que l'art militaire existe et croient que la guerre est une série de combats individuels où chacun se tire d'affaire avec ses clients.

Il résulte de tout cela que les troupes sont estimées seulement au point de vue de leur attachement au souverain, qui seul peut les maintenir dans le devoir, puisque la discipline n'existe pas.

Le drapeau du Sultan est rouge, mais les étendards

que portent les troupes devant elles sont de couleurs diverses auxquelles on n'attache aucune importance.

CAVALERIE. — Les chevaux du Maroc ont moins de sang que ceux de l'Algérie; mais ils ont de bons membres, sont très durs à la fatigue et galopent avec aisance dans les pierres anguleuses dont le sol du Maroc est jonché.

Les cavaliers touchent une solde pour eux et leur cheval. Cette somme étant rarement suffisante pour qu'ils puissent donner l'orge à leurs montures dans les mauvaises années, ils la laissent le plus souvent à l'écurie et ne lui donnent que de la paille. Il en résulte que les chevaux de l'armée marocaine ont, en général, un aspect fort misérable.

Tactique. — Le cavalier marocain ne comprend guère qu'on attaque l'ennemi autrement que par des mouvements tournants et par surprise. La vitesse étant le meilleur moyen d'échapper aux balles, il se lance à fond de train, lâche un coup de fusil à 50 mètres au plus de l'ennemi, sans s'arrêter un instant, fait demi-tour et recommence la même manœuvre quelques instants après.

Habituellement, une affaire entre deux troupes de cavalerie marocaine n'est qu'une série de combats individuels. Le chef n'intervient que pour donner le signal de l'attaque.

Le cheval. — Les chevaux marocains sont tous de petite taille, si bien qu'à côté les chevaux d'Europe paraissent énormes. Ils ont l'œil vif, le front un peu écrasé, les naseaux très ouverts, les os de la mâchoire saillants, la tête tout entière très fine, l'os de la jambe et le tibia un peu courbes, ce qui leur donne une élasticité de mouvement toute particulière; la croupe défectueuse, fuyant pour ainsi dire sous la selle, ce qui les rend plus aptes à galoper qu'à trotter. Vus au repos ou marchant au pas, les plus beaux ne payent pas de mine; lancés au galop, ils se transfigurent et deviennent superbes bêtes. Bien que moins nourris et plus pesamment chargés que les autres, ils résistent mieux à la fatigue. La manière de les monter est aussi très différente : les étriers sont très courts; le cavalier est assis sur sa selle avec les jambes repliées presque à angle droit, tient les rênes longues et conduit le cheval avec des mouvements très prononcés. Le pommeau et le troussequin sont si élevés qu'ils touchent la poitrine et le dos du cavalier et le maintiennent de façon à rendre une chute très difficile.

La plupart des cavaliers, chaussés de bottes de cuir jaune, sans talons, ne portent pas d'éperons et piquent le cheval avec le coin de l'étrier; d'autres ont, comme éperons, deux fers aigus de la forme d'un poignard, fixés au talon par un cercle de métal.

On raconte des choses admirables sur l'affection de l'Arabe pour son coursier, l'animal préféré du Prophète; on dit qu'il le considère comme un être sacré; que chaque matin, au lever du soleil, il lui pose la main droite sur la tête en murmurant : Bismillah! (au nom de Dieu) et embrasse ensuite sa propre main qu'il croit sanctifiée par ce contact; qu'il lui prodigue, enfin, toutes sortes de soins et de caresses. « Tout cela peut être vrai, mais autant que j'ai pu en juger, ce grand amour ne l'empêche pas de lui déchirer les flancs sans nécessité; de le laisser exposé au soleil quand il pourrait l'abriter à l'ombre, de risquer dix fois par jour, par pur caprice, de lui rompre les jambes, et, enfin, de négliger le harnachement de telle manière que le plus zélé, dans un régiment de cavalerie européenne, passerait six mois en prison. »

Garde des villes. — Il ne serait pas prudent de confier la garde des villes à une armée ainsi composée; aussi le maghzen entretient dans les villes des combattants spéciaux. Les ports de Rabat, Mogador et Larache sont les seuls qui aient une garde sérieuse; les autres ports sont gardés par des hommes recrutés un peu au hasard ou des cavaliers envoyés directement par le maghzen.

Les expéditions militaires. — Le gouvernement n'a pas de siège déterminé. Pour maintenir son peuple dans le devoir et assurer le rendement des impôts, le Sultan est obligé de voyager très souvent, afin d'agir sur les populations non seulement par la force des armes, mais surtout par son influence religieuse et personnelle. La présence du sultan est absolument nécessaire au règlement de certaines affaires, de sorte que, dans aucun cas, il ne pourrait quitter le Maroc pour visiter l'Europe. D'ailleurs, la tradition s'opposerait à ce voyage, qui a été néanmoins plusieurs fois annoncé par les journaux.

Les voyages du Sultan se font presque toujours au commencement de l'été, pour diverses raisons : à cette époque, les jours sont longs et les travaux de campement peuvent être terminés avant la nuit; les récoltes sont encore sur pied et on peut s'en emparer; les rivières sont généralement guéables.

A chaque station dans une grande ville le Sultan emploie une partie de l'armée à des opérations secondaires, en sorte que l'on peut dire que l'état normal des troupes marocaines est d'être en route. A peine l'armée est-elle réorganisée qu'on se prépare à partir de nouveau, en sorte qu'il reste peu de temps pour une instruction régulière et méthodique.

En route, lorsqu'on craint d'être attaqué, on organise des avant-garde, arrière-garde, flanqueurs de cavalerie et quelquefois d'infanterie; on serre la colonne et chacun met la main à son fusil. Il est probable que les chefs songeraient bien plus à combattre personnellement qu'à diriger leurs hommes.

Qualité des troupes marocaines. — Le soldat marocain a de précieuses qualités. Il est sobre, patient, industrieux. Sa force physique n'est pas considérable, son énergie est médiocre, mais ces deux qualités sont remplacées par une force d'inertie qui lui permet de supporter les privations pendant longtemps. La discipline, qu'il ne possède pas généralement, est remplacée par l'instinct des choses de la guerre.

Effectifs. — Dans ces dernière années, l'effectif des troupes employées pour soumettre les tribus n'a pas dépassé 25.000 hommes.

S'il s'agissait d'une guerre plus sérieuse, le Sultan pourrait mettre sur pied environ 40.000 hommes d'infanterie et presque autant de cavalerie.

Tactique marocaine. — « Je voudrais bien savoir, écrit un ministre résidant au Maroc, quelle idée se font ces gens-là de leur propre puissance militaire et de leur propre courage vis-à-vis de la puissance militaire et du courage des Européens.

Sur la supériorité de notre puissance militaire, ils n'ont aucun doute, parce que, s'il leur en restait, il y a cinquante ans, quand les Européens ne leur avaient encore infligé aucune défaite vraiment sérieuse, les guerres avec la France et l'Espagne, et surtout les deux fameuses batailles d'Isly et de Tétouan auraient dissipé ces doutes pour toujours. Mais pour ce qui regarde le courage, il m'a semblé qu'ils se croient encore supérieurs de beaucoup aux Européens : ils attribuent les victoires de ces derniers à l'artillerie, à la discipline, à la fourberie (pour eux la stratégie et la tactique sont fourberie) et non au courage. »

Il est certain qu'on ne peut dénier la valeur aux Arabes purs et aux Berbères, qui sont la majorité guerrière de l'empire, et qu'on doit reconnaître en eux autre chose que le courage banal et indéterminé que l'on considère en Europe comme inhérent à toutes les armées. Car, en tenant même compte de la nature du terrain et de l'appui secret de l'Angleterre, l'armée marocaine, confuse, mal commandée, mal armée, mal approvisionnée, n'aurait pu tenir tête, comme elle l'a fait pendant un an, avec une ténacité inattendue, à l'armée espagnole, disciplinée, ordonnée et munie de tous les nouveaux moyens d'attaque, si elle n'avait suppléé par une grande valeur à la puissance militaire qui lui manquait.

On pourra refuser peut-être le nom propre de valeur à un fanatisme sauvage, mais il faudra bien admettre que c'est là un élément de courage et que ce peuple en a donné à l'Espagne de nombreux et effrayants témoignages: après deux mois de combats, l'armée espagnole n'avait fait que deux prisonniers, et, dans la sanglante bataille de Castillejos, cinq Marocains seulement, et tous les cinq blessés, tombèrent entre les mains des vainqueurs.

Leur tactique traditionnelle est de s'avancer en masse contre l'ennemi, de s'étendre rapidement, de courir jusqu'à moyenne portée, de tirer, et de se retirer précipitamment pour recharger leurs armes.

Dans les grandes batailles, ils se disposent en demilune, l'artillerie et l'infanterie au centre et, sur les ailes, la cavalerie qui cherche à envelopper l'ennemi et à le placer entre deux feux.

Le chef suprême donne un ordre général, mais chaque chef inférieur retourne à l'assaut ou se retire quand bon lui semble, et l'armée échappe facilement au général en chef.

IV

ORGANISATION POLITIQUE

Le gouvernement.

A la tête de l'Etat se trouve le Sultân, de la maison des Chourafa, du Tafilet. En sa qualité de représentant du Prophète, il gouverne avec une autorité absolue qui n'est adoucie quelque peu que par les chera, c'est-à-dire par les lois du Coran. La dynastie actuelle est dénommée dynastie des Filali ou des Hassani, parce qu'elle descend, dit-on, de Hassan, fils d'Ali, neveu et gendre du Prophète.

Le fondateur de cette dynastie fut Mouley Ali, qui vint vers 1620 de Yambo, dans l'Hedjaz, au Tafilet, avec des pélerins maghrébins, et qui fut reconnu sans combat comme prince du pays par les habitants.

Son fils, Mouley Rachid, un mulâtre, conquit, en 1668, le Maroc après beaucoup d'aventures et de combats. Son frère, Mouley Ismaïl, le suivit et fut célèbre par sa cruauté. Il donna au pays ses limites actuelles et une puissance comme n'en avaient jamais eue les successeurs des chalifs de Cordoue, après l'expulsion des Arabes de l'Espagne.

Depuis, l'empire, dont les souverains recevaient, au temps de leur puissance, dans leurs traités avec les potentats européens, le titre d'empereur de Fez et du Maroc, est descendu, par une suite de guerres de succession, de guerres civiles et par son isolement obstiné du reste du monde, à un degré de barbarie et d'impuissance en opposition complète avec ses ressources naturelles et sa situation.

Le gouvernement est patriarcal, au sens complet du mot : le Sultan, comme chalif, est, à la fois, le chef de la communauté religieuse et celui de l'Etat politique. Sa volonté a seule force de loi, en même temps que les règles du Coran, qui nulle part plus qu'ici n'est demeuré la constitution d'un pays.

Les chalifats de Damas, de Bagdad, du Caire et de Cordoue, malgré les maximes étroites du Coran, ont fait fleurir au plus haut degré les arts, les sciences et les lettres. C'étaient des Etats bien ordonnés sous tous les rapports, les premiers et les plus puissants de leur époque. Tandis qu'aujourd'hui, au Maroc, en même temps que l'Islam est tombé dans le formalisme et les superstitions des religions vieillies, l'Etat s'est pétrifié également dans l'immobilité et l'impuissance.

L'autorité gouvernementale est purement nominale sur les deux tiers des tribus qui composent l'empire marocain. La plupart des populations s'inclinent, il est vrai, devant le prestige religieux du Sultan, mais politiquement beaucoup d'entre elles, et ce sont les plus vaillantes, n'acceptent point les agents nommés par la cour chérifienne, ou, si elles les tolèrent, c'est comme fonctionnaires fainéants, sans l'ombre d'autorité; elles ne payent point d'impôts; tout au plus envoient-elles au Sultan, non comme une redevance, mais comme un don pieux fait au successeur de Mohammed, une somme dont elles fixent à leur gré le montant.

Quant aux populations soumises, celles dont les territoires sont aisément accessibles aux troupes et aux collecteurs d'impôt du Sultan, elles doivent au suzerain des secours pécuniaires et militaires, qu'elles lui fournissent à l'occasion; mais, d'ailleurs, elles s'administrent un peu à leur gré, sous la direction de leurs caïds, qui ne reçoivent du Sultan qu'une investiture honorifique. Bref, ce dernier n'est maître absolu que dans son domaine propre, c'est-à-dire dans les grandes villes et autour d'elles, un peu à la manière du roi de France au moyen âge, qui n'était que le premier et le plus fort des seigneurs de la contrée. Mais cette ère d'influence est singulièrement mobile; ses dimensions en sont variables; sous tel règne, telle tribu est soumise qui ne l'est plus à une autre époque ou sous un autre souverain. Rien n'est donc plus difficile à fixer que l'étendue de l'autorité chérifienne au Maroc. Les Marocains n'ont pas l'air de se douter qu'ils appartiennent à un empire du Maroc; l'idée de patrie semble leur faire défaut; le seul lien qui les unisse est le Coran.

La dynastie.

Le Sultan appartient à cette terrible famille des schérifs Fileli, à laquelle les historiens ont attribué, parmi toutes celles qui ont régné sur le Maroc, un renom de fanatisme, de cruauté et de crimes.

Au commencement du XVIIe siècle, quelques habitants du Tafilet, province de l'empire qui confine au désert, d'où les chérifs de cette dynastie ont pris le nom de Fileli, ramenèrent, de la Mecque, dans leur pays, un schérif appelé Ali, natif de Yambo, et descendant de Mahomet par Hassan, deuxième fils d'Ali et de Fathma. Peu après son arrivée, le climat de la province de Tafilet reprit une régularité qu'il avait depuis longtemps perdue; les dattiers crurent en grande abondance; le mérite en fut attribué à Ali, qui fut élu roi sous le nom de Mouley Schériff.

Ses descendants étendirent peu à peu par les armes leur domination, s'emparèrent de Maroc et de Fez, chassèrent la dynastie des schérifs Saadini et régnèrent jusqu'à nos jours sur toute la contrée comprise entre la Moulouya, le désert et l'océan.

Sidi Mohammed, fils de Mouley Schérif, régna avec une sage clémence; mais. après lui, le trône s'enfonça dans le sang.

Sidi Mohammed apparaît comme le meilleur de la race. Il s'entoure de renégats chrétiens, cherche la paix et entretient de bons rapports avec l'Europe; puis ensuite, Mouley Yezid, violent, cruel et fanatique, qui, pour payer ses soldats, les lance au pillage des quartiers juifs de toutes les villes do l'empire.

Mouley Soliman, qui détruit la piraterie fait ostentation de son amitié pour l'Europe, mais écarte secrètement le Maroc de tous les Etats civilisés et fait apporter au pied de son trône les têtes des juifs renégats qui ont laissé échapper le moindre mot de regret pour leur abjuration forcée. Abd er Rhaman, le vaincu d'Isly, qui faisait murer vivants des conjurés; et, enfin, Sidi Mohammed, le vaincu de Tétouan, qui, pour inculquer à ses peuples le respect et la dévotion, fait porter, à travers les douars et les villes, les têtes de ses ennemis au bout des fusils de ses soldats.

Ce ne sont pas encore-là les plus grandes calamités qui aient affligé l'empire sous la misérable dynastie des Filleli, mais les guerres avec l'Espagne, le Portugal, la Hollande, l'Angleterre, la France, les insurrections féroces des Berbères, les expéditions désastreuses dans le Soudan, les révoltes des tribus fanatiques, les soulèvements de la garde noire, les persécutions des chrétiens, les guerres acharnées de succession entre père et fils, entre oncles et neveux, entre frères et frères; l'empire, tantôt démembré, tantôt reconstitué; les sultans cinq fois renversés et cinq fois rétablis sur leur trône, les vengeances dénaturées entre princes du même sang, les jalousies des femmes, les crimes horribles, la misère immense, la décadence rapide vers la barbarie des premiers âges, et, en tout temps, l'affirmation de ce principe que « la civilisation européenne ne pouvant s'établir que sur les ruines de tout l'édifice politique et religieux du Prophète, l'ignorance est la meilleure sauvegarde de l'empire et la barbarie un élément nécessaire d'existence ».

Le sultan actuel.

Le sultan Muley Hassan est mort au commencement de 1894. Les troubles, les compétitions qui se sont produits à l'avènement de son fils et successeur le jeune *Abd el Azis*, ont attiré l'attention européenne.

C'est après une visite à ce jeune prince que Pierre Loti écrivait poétiquement : « Quant à S. M. le Sultan, je lui sais gré d'être beau, de ne vouloir ni parlement ni presse, ni chemins de fer, ni routes, de monter des chevaux superbes, de m'avoir donné un long fusil garni d'argent et un sabre damasquiné d'or.

» J'admire son haut et tranquille dédain des agitations contemporaines; comme lui, je pense que la foi des anciens jours, qui fait encore des martyrs et des prophètes, est bonne à garder et douce aux hommes à l'heure de leur mort. »

Le maghzen.

Les membres de la famille impériale employés aux affaires de l'empire, les fékih ou secrétaires qui sont délégués, en tant que secrétaires d'Etat, chacun à l'expédition des questions d'un même genre (sortes de ministères), les thalebs ou secrétaires de ces derniers, l'immense personnel du palais et aussi du campement, forment un ensemble de fonctionnaires et d'officieux qui constitue le maghzen.

Tout ce personnel, accompagné de ses employés, ne quitte jamais le Sultan et l'accompagne dans ses expéditions. On peut remarquer que nombre de ces fonctionnaires portent le titre de caïd, qui n'est autre chose qu'un grade juridique et religieux; car, chez les Marocains, le droit est une émanation de la religion.

Conduite des affaires.

Le Sultan du Maroc n'a pas de ministres et encore moins de ministère au vrai sens du mot.

Au Maroc, le Sultan dirige lui-même, du moins en apparence, les affaires qui, dans les Etats civilisés, sont abandonnées à de hauts fonctionnaires jouissant de la confiance souveraine; par suite, le Sultan est seul responsable de tous les actes de son gouvernement. En fait, il se sert, pour satisfaire aux obligations de la situation, de l'intermédiaire d'un ou plusieurs dignitaires de son empire.

Les manifestes, les ordres, les lettres et les documents de tout genre émanés du gouvernement de Fez sont toujours au nom du Sultan, et le sceau de l'Etat qui porte ce nom est imprimé par avance sur les écrits.

Le Sultan ne va jamais à Tanger, en sorte qu'il ne voit les ministres plénipotentiaires des puissances européennes que lorsqu'ils lui font des visites.

Les affaires courantes sont réglées par son ministre des affaires étrangères, qui est surtout chargé d'amortir le premier choc des réclamations.

Administration.

Au point de vue administratif, le Maroc est divisé

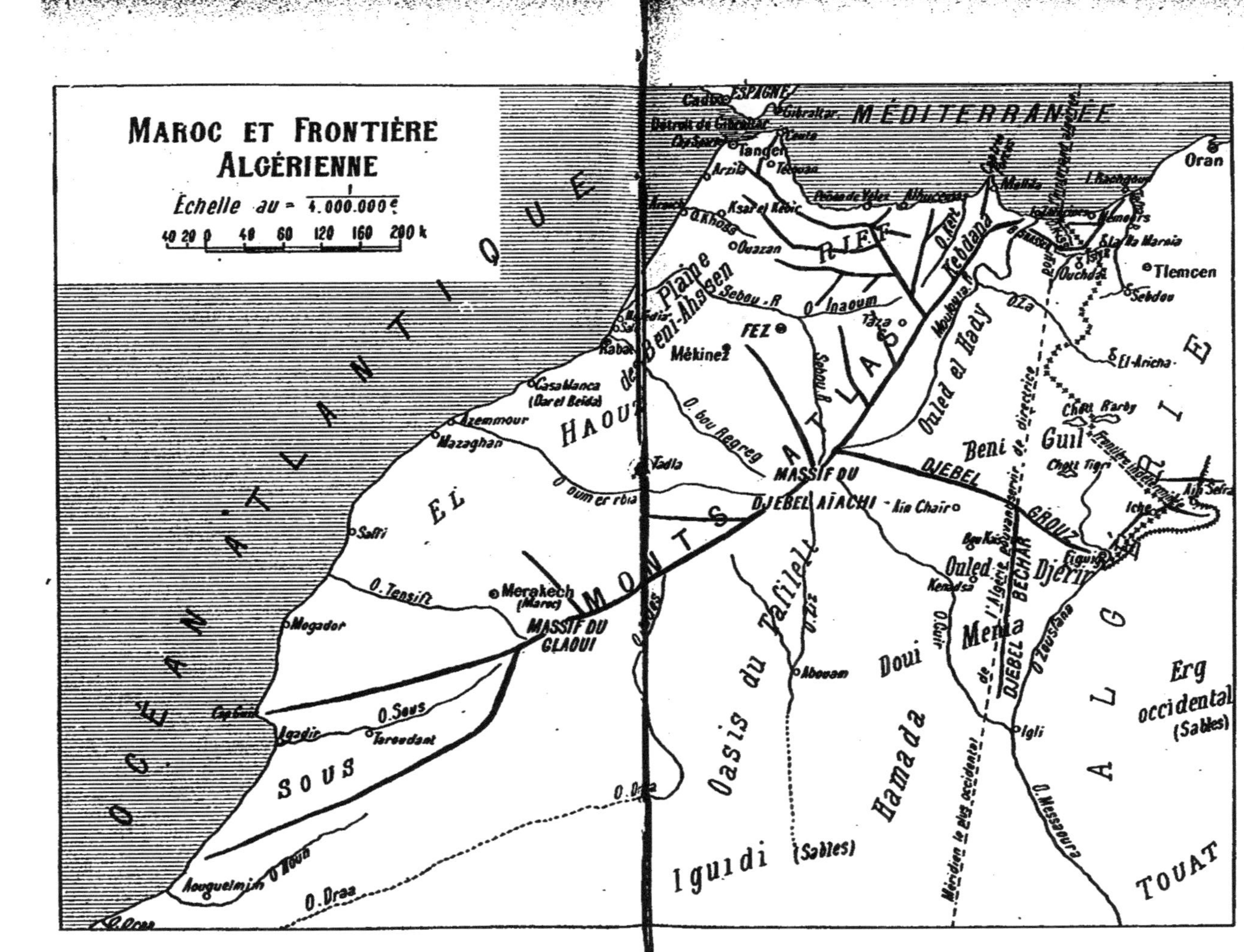
MAROC ET FRONTIÈRE ALGÉRIENNE
Échelle au = 1/4.000.000e
40 20 0 40 60 120 160 200 k
OCÉAN ATLANTIQUE
MÉDITERRANÉE
ESPAGNE
Gibraltar
Tanger
Ceuta
Tétouan
Arzila
Ksar el Kébir
Ouazzan
RIF
Kebdana
Mellila
Albucemas
Oran
Tlemcen
Sebdou
Nemours
Lalla Marnia
Ouchda
Taza
FEZ
Mékinez
Sebou R.
O. Inaoum
Plaine des Beni-Ahssen
Rabat
Casablanca
(Dar el Beida)
Azemmour
Mazaghan
HAOUZ
Tadla
O. bou Regreg
O. Oum er rbia
EL
Saffi
O. Tensift
Merakech
(Maroc)
Mogador
MASSIF DU GLAOUI
MONTS ATLAS
MASSIF DU DJEBEL AÏACHI
Aïn Chaïr
Moulouïa
Oulad el Hady
O. Za
El-Aricha
Beni Guil
Chott Tigri
Ich
Aïn Sefra
DJEBEL GROUZ
Figuig
Djerir
Ouled
Kenadsa
Menia
DJEBEL BECHAR
O. Guir
Doui
Hamada
Abouam
O. Ziz
Oasis du Tafilelt
Iguidi
(Sables)
Méridien le plus occidental de l'Algérie pouvant servir de directrice
Igli
O. Zousfana
O. Messaoura
ALGÉRIE
Erg occidental
(Sables)
TOUAT
O. Sous
Taroudant
Agadir
SOUS
O. Noun
Aouguelmim
O. Draa

en « amalât » de dimensions très diverses; leur nombre varie également d'après les exigences de l'administration et les dispositions du Sultan.

En ce moment, il y a quarante-quatre amalât, dont trente-cinq dans le pays de Fez et de Maroc, au nord-ouest de l'Atlas, et neuf au sud-ouest, dans l'oued Sous, l'oued Draa et le Tafilalet. Dans l'intérieur des amalât, quand elles ne consistent pas uniquement en une ville ou en une étendue de pays très restreinte, il se trouve généralement un certain nombre de tribus plus ou moins indépendantes.

A la tête de l'amalât se trouve le caïd ou l'amil, nommé par le Sultan. Il habite d'ordinaire une maison construite en pierres, lorsque tous ses administrés sont nomades.

L'amil est l'organe du Sultan dans l'amalât. Il dirige la police, s'occupe des affaires financières. Il commande, en temps de paix la force armée du cercle et convoque, en temps de guerre toute la population mâle en état de porter les armes, pour la conduire au Sultan.

V

ORGANISATION ADMINISTRATIVE

Divisions naturelles du territoire.

Le pays que nous appelons « empire du Maroc » est formé par la réunion des trois anciens royaumes de Fez, Maroc et Tafilet. Il a pour limites la Méditerranée au nord, le désert au sud, la frontière algérienne à l'est et l'Océan à l'ouest.

La frontière de l'est a été définie par le traité conclu en 1844 avec la France; elle commence à l'oued Adjeroud, passe entre Maghrnia et Ouchda et atteint le Sahara au point appelé Ras el Aïoun; ensuite elle laisse à l'ouest les Ksours (oasis fortifiées) de Ich et Figuig à l'est, ceux de Aïn-Sefra, Sfissifa, Assla, Tieut, Chellala, el Abied et Bou Semghoune. Aucune limite n'a été indiquée à travers les régions inhabitables qui s'étendent au sud de ces points.

La frontière Sud n'est pas déterminée; on la considère habituellement comme formée par une rivière appelée Seguia el Hamra, dont l'embouchure se trouve sensiblement au 28e degré de latitude.

Lorsque, partant de la frontière algérienne, on se dirige vers l'ouest, on rencontre *la région d'Ouchda*, limitée par la mer, la Moulouya et les chotts.

A l'ouest de cette région, on rencontre *le Riff*, bande montagneuse qui s'étend de Ouchda aux environs de

Tétouan. Le Riff est en grande partie insoumis et ne fournit pas de soldats au Sultan.

On rencontre ensuite *la région de Tanger*, dans laquelle les tribus voisines des villes sont seules soumises; les autres se révoltent très fréquemment contre l'autorité de leurs caïds.

Au sud de la région de Tanger, se trouve, jusqu'au Sebou, *le Rorb-el-Isar*. Cette province est la plus riche et la mieux arrosée du Maroc. Les tribus des plaines sont soumises, mais celles des montagnes ne paient que très rarement les impôts.

Des environs de Rabat à l'oued Rir, sur la frontière orientale du Maroc, s'étend une région montagneuse appelée *pays des Breber Rabat*. Les tribus qui l'habitent sont berbères et presque toujours insoumises : elles coupent littéralement l'empire du Maroc en deux parties, interceptant les communications et forçant le Sultan à se rapprocher de la côte toutes les fois qu'il veut aller de Maroc à Fez.

Au sud de l'Atlas est *le Sous*, où le Sultan possède actuellement quarante et un caïds à peu près obéis.

Au sud du Sous s'étendent *les régions de Draa et de Sahara*, où le gouvernement n'est représenté par aucun caïd.

Les villes.

Les villes du Maroc peuvent être partagées en deux catégories : *celles de l'intérieur*, où trois ou quatre Européens à peine ont réussi à se fixer et où ne se trouve aucune autorité consulaire; et *celles de la côte*, qui renferment une petite colonie européenne et des consulats. La légation de France possède à Fez un agent arabe qui s'occupe des intérêts de la colonie algérienne de cette ville.

Toutes les villes sont entourées de hautes murailles en pisé garnies de tours. A la ville ou médina sont généralement réunies une forteresse (casbah) et un quartier des juifs; dans les villes de l'intérieur, ces trois quartiers sont nettement séparés par des murailles; dans celles de la côte ils tendent à se confondre.

Toutes ces villes, sauf Fez et Maroc, sont commandées par un seul pacha, assisté d'un caïd du guich qui est chargé des opérations aux environs.

Chaque ville est partagée en un certain nombre de quartiers, ayant chacun ses fontaines, ses mosquées, ses biens publics, ses bains, ses cafés maures, etc. Chaque quartier est sous la surveillance d'un notable. Cet agent se fait rendre compte de tout ce qui se passe, espionne ses administrés et joue à l'occasion le rôle de juge de paix.

Les prisons. — Les prisons ont généralement un rez-de-chaussée et une cave. Le rez-de-chaussée ressemble à l'intérieur d'une maison ordinaire. Les détenus y vont et viennent sans sembler se préoccuper beaucoup de leur sort. Ceux qui ont de l'argent peuvent avoir une chambre à part et vivre à peu près comme chez eux. L'étage inférieur est un caveau humide envahi par les rats et la vermine; les prisonniers y sont attachés par des chaînes de fer.

Les prisonniers d'Etat sont généralement envoyés dans une ville où ils ne sont pas connus, afin que personne ne puisse intercéder pour eux, ni séduire leurs gardiens.

Depuis longtemps, on n'a pas vu d'exécution capitale au Maroc; la peine de mort y est remplacée de fait par la prison perpétuelle.

Rues. — Les rues sont étroites et tortueuses, remplies à certaines heures d'une foule grouillante et déguenillée au milieu de laquelle il serait très pénible de circuler à pied.

Quoiqu'un proverbe dise que les gens qui montent à cheval ne vieillissent jamais, les Marocains montent presque toujours à mule. Cette monture permet de circuler rapidement dans les rues encombrées sans accident.

Les rues sont nettoyées tant bien que mal par des corvées et les immondices sont accumulés dans les terrains vagues.

Tanger. — Des côtes Sud de l'Espagne on aperçoit, sur l'autre rive de la mer, Tanger-la-Blanche. Elle est tout près de notre Europe, cette première ville marocaine, posée comme en vedette sur la pointe la plus au nord de l'Afrique.

La baie de Tanger est partout d'accès facile pour les navires. En tous cas, elle est bien meilleure que la rade ouverte de Gibraltar. Elle est, il est vrai, exposée aux vents du nord et du nord-ouest; cependant elle constitue le meilleur port du Maroc et donne accès en tout temps aux navires. Il faudrait que Tanger fût aux mains d'une puissance européenne pour qu'on y organisât très aisément un port de refuge commode, un dépôt de charbon, etc.

La ville de Tanger, que les Arabes appellent Tandja, est de très ancienne origine; car les Phéniciens avaient déjà érigé une colonie en ce point si favorable. Les Portugais s'en emparèrent en 1471 et plus tard, Catherine de Bragance l'apporta comme présent de noces à son époux Charles II d'Angleterre; mais, en 1684, les Anglais, ne réussissant à entretenir aucun commerce fructueux avec l'intérieur du pays, abandonnèrent le port, qui, depuis, est resté entre les mains des Arabes.

Maroc. — La ville de Maroc fut construite en 1070 dans une vaste plaine, limitée au sud par l'Atlas et s'étendant à l'ouest sans obstacle jusqu'à la mer. On estime la population à 55.000 habitants. Maroc communique avec la côte Atlantique par trois routes, toutes trois carrossables à la rigueur. Généralement, on fait le voyage en cinq jours.

Thaza. — Petite ville située sur un plateau dominant non loin du seuil de partage des bassins de la Moulouya et du Sebou, dans la longue dépression qui sépare les montagnes du Riff du système de l'Atlas et que suit la voie historique de l'Algérie au Maroc.

Pour cette raison, Thaza est, de toutes les villes de l'intérieur du Maroc, celle qui occupe la position stratégique la plus importante.

Fez. — Fez n'est pas seulement la capitale religieuse du couchant, la ville de l'islam la plus sainte après la Mecque, où viennent étudier les prêtres de tous les points de l'Afrique : c'est aussi le centre du commerce de l'Ouest, qui communique par les ports du nord avec l'Europe et par Tafilet et le désert avec le Soudan noir jusqu'à Tombouctou et à la Sénégambie.

La ville s'étend sous la forme d'un huit immense entre deux collines, sur le sommet desquelles se dressent les ruines de deux anciennes forteresses. Des hauteurs, le regard domine toute la ville : une myriade de maisons blanches, couronnées de terrasses, au-dessus desquelles s'élèvent de beaux minarets émaillés, des palmiers gigantesques, des masses de verdure, des coupoles vertes. Au premier aspect, on devine la grandeur de la métropole antique, dont la ville d'aujourd'hui n'est plus que la squelette.

Fez, avec ses 50.000 habitants, est le centre intellectuel du Maroc et peut être considéré actuellement comme le principal foyer du fanatisme musulman. Ce n'est plus qu'une énorme carcasse de métropole abandonnée.

Tarudant. — La ville de Tarudant est située à deux journées d'Agadir et à une demi-journée de l'Atlas. Les murailles ont 6 kilomètres de tour et sont en mauvais état. Cette ville, qui est une des plus anciennes du Maroc, fut la première capitale des chérifs et le centre de la propagande religieuse dans les tribus berbères. Actuellement, elle est presque sans commerce et sans industrie par suite de la décadence du port d'Agadir.

Moyens de communication.

Des routes semblables à celles d'Europe n'existent pas au Maroc, et ce que l'on y désigne sous ce nom n'est autre chose qu'un large réseau de petits sentiers tracés par la fantaisie des bêtes de charge, suivant la direction généralement adoptée pour se rendre d'un point à un autre, en évitant les difficultés du terrain.

Quelques ponts ont bien été jetés autrefois sur le Sebou, aux environs de Fez, et de Mekness, et sur l'Oum er Rbia; mais, le ministre des travaux publics ne s'en occupant pas, les culées se déchaussent par suite de l'affouillement de l'eau et les parties supérieures tombent en ruines.

Les cours d'eau sont, dès lors, franchis, soit à gué, soit sur de mauvaises barques plates en bois ou sur des radeaux en jonc tressés.

Les principales routes sont jalonnées par des caravansérails près desquels on peut passer la nuit et où se trouve quelquefois de quoi nourrir les animaux et les domestiques arabes.

Les chemins de fer et le télégraphe sont inconnus au Maroc. Il n'y a aucun chemin de fer, à l'exception des

4 kilomètres qui relient Fez-Djedid, palais du Sultan, à Dar el Biber, sa propriété.

Le Sultan et le Maghzen se gardent bien, d'ailleurs, de laisser s'introduire ces « diaboliques » institutions. « Je ne vois pas, répondait le Sultan à une demande de concession, comment je pourrais consentir à ce que vous me proposez. Mes aïeux n'ont jamais connu les chemins de fer et je ne dois pas faire ce qu'ils n'ont pas fait. »

Il résulte du fait que les cinq sixièmes du Maroc sont fermés aux chrétiens par le fanatisme et la méfiance des populations, que les cartes parues jusqu'à ce jour sur le Maroc sont fort imparfaites. Toutefois, grâce à un certain nombre d'itinéraires et surtout à la remarquable exploration du vicomte de Foucault, la cartographie du pays s'est considérablement améliorée.

VI

LA QUESTION MAROCAINE

« Le détroit de Gibraltar, a écrit un ambassadeur italien, est peut-être, entre tous les détroits, celui qui sépare le plus nettement deux pays d'une nature aussi différente et cette diversité apparaît plus grande encore lorsqu'on va de Gibraltar à Tanger. Ici s'agite la vie fiévreuse, bruyante et brillante des villes européennes; à trois heures de là, le nom de notre continent résonne comme un nom fabuleux; chrétien veut dire ennemi; notre civilisation est ignorée, crainte ou bafouée; tout est changé, depuis les premiers éléments de la vie sociale jusqu'aux plus insignifiantes particularités de la vie privée. Rien ne témoigne plus du voisinage de l'Europe; on se trouve dans un pays inconnu auquel rien ne nous rattache et où tout nous reste à apprendre. De la plage de Tanger on aperçoit encore la côte européenne, mais on ressent un sentiment d'éloignement incommensurable. »

Immédiatement placé aux portes du monde civilisé, l'habitant du Maroc peut, en quelques jours, atteindre la France, l'Angleterre, l'Italie. En même temps, les ports marocains sont très commodément placés pour les relations avec l'Amérique; mais il faut attribuer à son isolement systématique de l'Europe, qui dure déjà depuis des siècles, ainsi qu'à l'exclusion du mouvement commercial et intellectuel du monde civilisé, l'existence d'institutions et de mœurs qui remontent au-delà du moyen-âge; c'est pour cela que ce pays est moins connu des nations civilisées que les parties les plus éloignées de l'Asie.

Le Maroc est, avec la Chine, le pays le moins accessible aux Européens. Le gouvernement a toujours montré une grande adresse à tenir la population éloignée de l'influence de la civilisation occidentale. Cette tendance se découvre dans une foule de mesures administratives qui agissent de la façon la plus restrictive sur le commerce et la circulation. Le Maroc a également ceci de commun avec la Chine, que les représentants des différents Etats européens n'habitent pas dans la résidence du souverain, mais dans un port éloigné. Les consuls n'ont d'ordinaire aucune relation directe avec le gouvernement. Naturellement, cette manière de procéder est gênante au plus haut point pour la marche des affaires et nuit beaucoup aux Européens fixés au Maroc.

Aussi, le Maroc, ce boulevard extrême de l'islamisme vers l'Occident, autrefois le siège d'une monarchie qui régnait de l'Ebre au Soudán et du Niger aux Baléares, n'est plus qu'un petit Etat presque inconnu, en proie à la misère et à la ruine, qui résiste, avec ce qui lui reste de force, à l'invasion de la civilisation européenne, soutenu encore par les jalousies réciproques des Etats civilisés.

Or, on sait que le règne de l'islam, qui dure depuis des siècles dans le Nord africain, n'a jamais été capable de porter ces pays à un état de prospérité même approchant de celui qu'ils ont possédé autrefois. C'est le devoir des Etats civilisés de l'Occident et surtout de ceux des peuples latins du sud de l'Europe, de pénétrer de force dans ces terres africaines et d'y introduire les progrès de la civilisation moderne

Le Maroc, lui aussi, ne pourra exister longtemps, et, pour le moment, son indépendance ne tient qu'à la jalousie qui existe entre l'Angleterre, la France et l'Espagne.

Mais, pour nous, il ne peut y avoir de doute. « Tout le monde comprend, suivant les éloquentes paroles de M. Etienne à la Chambre, qu'il y a pour nous un intérêt supérieur à ce que le Maroc soit maintenu dans son intégrité absolu. L'Europe entière sait qu'il nous est impossible d'admettre qu'une influence supérieure à la nôtre puisse s'établir au Maroc. Ce serait compromettre d'une façon absolue nos intérêts dans le bassin méditerranéen. C'est la sécurité française qui est attachée à cette importante question.

» Il faut qu'on comprenne qu'il nous est impossible de supporter qu'une puissance quelconque tente de diminuer notre influence au Maroc pour y substituer la sienne. Si je jette ce cri d'alarme, c'est que les faits sont tangibles. »

Le rôle de la France est donc bien déterminé par les conditions naturelles de sa politique extérieure. Des hommes d'Etat eux-mêmes en conviennent. C'est ainsi que sir Joseph Dalton Hooker n'hésitait pas à dire :

« Il n'y a de progrès possible dans l'état lamentable du Maroc que si ce pays passe sous la loi d'un peuple civilisé assez fort pour briser promptement la résistance inévitable de la classe dirigeante, assez éclairé pour avoir à cœur la prospérité de la nation marocaine.

» Si nous nous demandons quel est le peuple européen indiqué par les circonstances comme plus propre que tout autre à réussir dans cette entreprise, c'est évidemment le peuple français.

» La France a déjà mené à bien une tâche semblable dans la portion de l'Afrique septentrionale qui touche au Maroc; elle a toute espèce de motif d'ajouter à ses possessions un territoire qui offre de bien plus grandes ressources naturelles que celui qu'elle possède déjà, et sans doute cette conquête serait déjà un fait accompli sans la jalousie de certaines puissances européennes...

» Elle y trouverait un nouveau théâtre pour le déploiement d'énergies qui se resserrent dans le cadre étroit d'une vieille société; elle se fortifierait en même temps par le sentiment intime qu'elle joue un rôle utile dans le progrès du monde. »

Notre action au Maroc se traduirait évidemment par l'établissement d'un protectorat, qui permettrait l'exécution de vastes travaux, nécessaires d'ailleurs.

Le nouveau Sultan, jeune, actif, épris de réformes, qui ne voudrait pas seulement avoir une armée organisée à l'européenne, mais aussi voudrait doter son pays de tout l'outillage moderne, d'un réseau de chemins de fer le long des routes caravanières, d'un service postal, d'un système de douanes qui lui assurerait des recettes abondantes et régulières, se rend parfaitement compte qu'il ne peut donner suite à ses vastes projets qu'avec l'aide morale et l'appui financier d'une grande puissance européenne. Il semble donc qu'il aurait dû naturellement s'adresser à la France, sa voisine, à qui naguère il envoyait une ambassade d'amitié, ou que du moins, celle-ci eût dû être la première à lui offrir ses bons offices. Ici encore, la promptitude de l'Angleterre nous a prévenus.

Non seulement, l'Angleterre défend ses grands intérêts commerciaux, mais encore ses intérêts politiques. Elle ne paraît pas avoir renoncé à toutes visées sur le Maroc, et ne serait apparemment pas fâchée de trouver à Tanger un pendant de Gibraltar. Ce serait une double clef de la Méditerranée occidentale qui se trouverait ainsi entre ses mains.

Et c'est là, en effet, ce qui complique cette question marocaine, c'est qu'elle se double de celle bien plus irritante encore et plus délicate du détroit de Gibraltar. Ce détroit, la route naturelle reliant l'Atlantique à la Méditerranée, est un facteur politique et stratégique de tout premier ordre, intéressant à la fois toutes les nations maritimes et coloniales.

Dans le cours de cette étude, nous montrerons l'importance de cette question marocaine que nous ne pouvons qu'esquisser ici; nous étudierons, en détail, les rivalités des grandes nations, suscitées soit par le Maroc lui-même, soit localisées au détroit de Gibraltar.

VII

LE MAROC ET LES PUISSANCES

Jusqu'en 1842, les agents diplomatiques européens au Maroc correspondaient directement avec le Sultan. Sous le prétexte de la crainte des excès de la population de Fez, mais, en réalité, pour rendre plus compliqués et plus lents les rapports de la diplomatie avec les agents européens, l'arrière-grand'père du Sultan actuel déclara qu'à l'avenir ils correspondraient avec son cabinet seulement par l'intermédiaire d'un ministre spécial, vizir el ouassitha.

Cette solution avait pour conséquence, non seulement de reléguer au troisième plan les représentants étrangers en les condamnant à n'entretenir de relations officielles qu'avec un simple fonctionnaire du Maghzen, mais elle permettait à l'Angleterre d'être toujours au courant des démarches des autres puissances et d'apporter au Sultan les conseils intéressés de son expérience européenne. Malgré tous les efforts faits depuis pour amener le retrait de cette prétention, elle a prévalu jusqu'ici et Tanger est restée la capitale diplomatique du Maroc.

Les instructions du gouvernement marocain à son ministre sont simples; un consul de France les a formulées avec précision. « A toutes les demandes des représentants, répondre par des promesses; retarder le plus possible l'exécution de ces promesses; gagner du temps; susciter des difficultés de toute nature aux réclamants;

faire en sorte que, fatigués de réclamer, ils en arrivent à se désister; en cas de menaces, faire quelques concessions, mais le moins possible; si enfin, le canon s'en mêle, céder, mais au dernier moment seulement. »

Le Sultan sait fort bien qu'il est dans l'impuissance de résister aux volontés de l'Europe et que son empire n'a d'autre garantie d'existence que la jalousie des grands Etats; mais tranquillement, à l'abri de leurs mesquines rivalités, il continue les errements anciens, très convaincu que toute tentative vers un progrès quelconque émanant de l'un d'eux, sera immédiatement enrayée par la coalition des autres. Cette situation ne constitue pas une des moindres forces du gouvernement chérifien.

Le but que se propose d'ailleurs le Sultan est très simple : rendre le Maroc inhabitable pour l'étranger et amener celui-ci à s'en détacher complètement. C'est pour cette raison que toute tentative d'amélioration, dont le pays serait le premier à profiter, se heurte à une opposition irréductible.

Les intérêts des puissances.

En ce moment, huit puissances européennes sont représentées au Maroc, quoique quelques-unes n'y aient rien à protéger : l'Angleterre, la France, l'Espagne, le Portugal, l'Italie, l'Allemagne, la Belgique, les Etats-Unis ont des ambassadeurs et des consuls généraux à Tanger, de même que des vice-consuls dans quelques ports. L'Autriche a confié à l'Angleterre le soin de ses intérêts diplomatiques et entretient en outre un consul à Tanger.

Les puissances qui ont le plus d'intérêts au Maroc sont : l'Angleterre, l'Espagne et la France; leurs envoyés cherchent constamment à acquérir une influence prépondérante sur les affaires intérieures du pays.

L'*Angleterre* croit avoir des droits au Maroc parce qu'elle a déjà eu Tanger en son pouvoir; du reste, comme partout, les capitaux anglais ont pris pied dans le pays. Après la guerre avec l'Espagne, en 1860, l'Angleterre avança aussitôt au Sultan une grande somme pour le payement des frais de guerre. Elle livre la plupart des armes nécessaires à l'armée et aux forteresses marocaines. La politique des Anglais est partout la même en pays mahométan : en apparence, ils protègent les indigènes, pour ne pas laisser la moindre influence aux autres nations; aussi paraît-il certain qu'au Maroc les Anglais encouragent le Sultan et son gouvernement à maintenir l'exclusion des Européens, et arrivent ainsi, peu à peu, à augmenter leur l'influence. L'attitude contrainte que garde encore aujourd'hui le Maroc en face des pays d'Occident et l'inaccessibilité du pays sont réellement dues à la politique anglaise. L'Angleterre porte naturellement un grand intérêt au Maroc, comme à un pays placé sur le détroit de Gibraltar et elle verrait avec beaucoup de regret les canons de Tanger couper à ses navires la route de Suez et des Indes.

Après l'Angleterre, l'*Espagne* est le peuple le plus intéressé à s'occuper du Maroc : le voisinage du pays, la population de Ceuta et la présence des nombreux Espagnols vivant dans les ports marocains, expliquent son désir d'arriver à s'en rendre maîtresse.

La langue espagnole domine au Maroc parmi tous les autres dialectes européens; la monnaie espagnole y circule partout et est acceptée dans les villages des montagnes les plus éloignées. L'Espagne a même des missions et des églises dans cet empire si strictement mahométan. La dernière guerre avec le Maroc a eu, en général, des résultats heureux et il s'en est fallu de peu que les Espagnols ne demeurassent en possession de Tétouan. Toute agitation qui s'opère en Espagne pour l'occupation du Maroc est toujours suivie avec ferveur : rien n'y serait plus populaire qu'une guerre avec ce pays. De nombreux malfaiteurs, évadés d'Espagne, y vivent et ne peuvent en être extradés, puisqu'aucun traité n'existe pour le permettre.

Les hommes d'Etat espagnols se garderont bien de provoquer une pareille guerre sans motifs. En dehors de tous ces inconvénients, elle nécessiterait une puissante armée et provoquerait le soulèvement de tout le Maroc, car les Espagnols qui y vivent ne sont ni aimés, ni estimés : ce ne sont pas précisément les meilleurs éléments de la population qui viennent s'y fixer. En outre, l'Angleterre et la France auraient peine à voir de sang-froid l'Espagne faire des préparatifs sérieux pour une guerre de conquête au Maroc. Les divisions et la jalousie des différentes puissances européennes sont les seules causes qui aient maintenu jusqu'ici son indépendance et la maintiendront sans doute quelque temps encore.

En ce qui concerne, enfin, *la France*, la possession du Maroc aurait un grand prix pour elle et complèterait un puissant empire colonial dans les pays mahométans du Nord africain par la réunion de la Tunisie, de l'Algérie, du Maroc et de la Sénégambie. Il y a quelque chose de trop tentant dans ces perspectives pour que les hommes d'Etat français n'aient pas depuis longtemps jeté leurs regards sur le Maghreb el Aksa, the Far-West, comme le Maroc est nommé par les Arabes.

Les limites entre l'Algérie et ce pays sont incertaines au plus haut point et des violations de frontière y ont lieu fréquemment de part et d'autre. Les Français ont, comme les Anglais, des officiers détachés comme instructeurs dans l'armée marocaine.

Des négociants français et anglais sont établis dans les ports; mais, relativement aux Espagnols, leur nombre est peu considérable. La politique marocaine se borne à paralyser autant que possible les prétentions de ces trois Etats, à ne se faire l'ennemi d'aucun et à ne rien accorder de trop à l'un d'eux.

Il est à peine à redouter qu'ils se réunissent tous trois en face du Sultan : leur méfiance réciproque est trop grande. Le gouvernement marocain a donc trouvé un *modus vivendi* dans lequel il a tous les avantages. La politique orientale se montre partout beaucoup plus adroite que celle des Occidentaux : dans certains cas, elles se valent, en fait de manque de préjugés; mais, pour ce qui tient à l'art de temporiser, de laisser les choses en suspens, de promettre et d'apaiser, les mahométans n'ont pu être égalés jusqu'ici.

Les autres puissances européennes représentées au Maroc ont peu d'intérêts dans le pays et y exercent une faible influence sur la marche des affaires.

L'Italie, surtout, y a fait parler d'elle dans les derniers temps. Depuis qu'elle est devenue un royaume, elle cherche à se mettre en évidence partout, sans y réussir réellement. Il y a très peu d'Italiens au Maroc et la plupart y sont dans les conditions les plus humbles.

L'Allemagne entretient aujourd'hui un ministre résidant au Maroc. Quoique le nombre des négociants allemands établis dans le pays n'y soit pas aussi considérable que celui des gens d'affaires anglais ou français, ils ont pourtant su conquérir, partout où ils se sont fixés, une grande considération et leur commerce prend un développement du meilleur augure.

C'est dans les jalousies de ces grands Etats que le Maroc trouve sa garantie d'existence; car le Sultan sait fort bien qu'il est dans l'impuissance de résister aux volontés de l'Europe. Cette situation ne constitue pas une des moindres forces du gouvernement chrérifien, qui considère l'indépendance du Maroc comme beaucoup mieux gardée par ces suspicions toujours en éveil que par tout ce qu'il pourrait faire lui-même.

Aussi, sait-il très habilement en profiter, et quand il paraît incliner du côté d'une puissance afin d'en contrebalancer une autre, il est bien décidé à n'en favoriser aucune, en donnant des espérances à toutes. Si, à certaines heures, contraint par la nécessité, il promet quelque concession à l'une d'elles, il est bien dans l'intention formelle de ne pas tenir sa promesse et de trouver au dernier moment un bon prétexte pour l'ajourner.

Malheureusement, les puissances intéressées fournissent elles-mêmes au Maghzen les armes nécessaires pour s'opposer à leurs progrès. L'action commune n'est qu'à la surface. Au fond, les nations vivent, entre elles, au Maroc sur le pied de la méfiance réciproque. Toute la politique du gouvernement consiste à profiter de cet état d'esprit, et il en joue avec une merveilleuse opportunité.

Il résulte de tout cela que l'action de la civilisation ne pourra jamais s'exercer au Maroc qu'à la suite d'une entente préalable des principaux Etats intéressés. Malheureusement cette entente, qui, seule, dans l'état d'équilibre instable de l'empire chérifien, pourrait prévenir les complications les plus graves, n'existe pas.

Toutes les nations en présence au Maroc ont des ambitions différentes; c'est du choc de ces ambitions que naîtra le conflit.

VIII

LA POLITIQUE EUROPÉENNE

L'ANGLETERRE

GIBRALTAR

L'Angleterre ne s'est pas bornée à préparer l'action de ses flottes dans les eaux nationales. Elle a multiplié sur tous les points du globe les bases secondaires d'opérations, les dépôts de charbon pour procurer à ses vaisseaux les ressources et l'asile dont ils pourraient avoir besoin.

Exclue par la nature de la Méditerranée, elle a pris soin, dès le commencement du siècle dernier, de se mettre au nombre de ses puissances riveraines en s'emparant de Gibraltar. C'est un premier jalon posé sur les routes de l'Inde et de l'Extrême-Orient. A la vérité, depuis que la navigation à vapeur permet de passer au large, malgré les vents et les courants contraires, Gibraltar ne commande plus par son canon les 20 kilomètres du détroit, mais donnerait un excellent point d'appui à une flotille de torpilleurs. Invariable dans sa politique, elle a toujours eu pour but de se créer une forte position dans le Levant et elle y a réussi.

Description de Gibraltar.

Gibraltar est situé sur le versant occidental d'un promontoir formant une petite presqu'île longue de 4.000 mètres et large de 1.000, terminée par la pointe d'Europe qui n'est qu'à 25 kilomètres de la côte africaine située en face. Le promontoire consiste en une masse de rochers, haute de 400 à 500 mètres, qui présente un front escarpé et des pentes verticales de tous les côtés. Il est inaccessible du côté de la mer, et, du côté de la terre, est hérissé de batteries et de galeries souterraines qui peuvent contenir une petite armée.

Gibraltar est un port militaire très commerçant, qui a été sensiblement amélioré par la création d'un môle de 1.000 mètres, au sud de la ville, mais qui se trouve en partie sous le canon espagnol et ne possède pas des établissements suffisants pour approvisionner et réparer les vaisseaux de guerre. 8.000 hommes environ tiennent garnison dans cette place réputée imprenable.

Gibraltar est regardé souvent comme la clef de la Méditerranée et l'on croit qu'il commande le détroit. On oublie que de la pointe d'Europe à celle de Ceuta, il y a 12 milles et demi, soit 23 kil. 5; que les Anglais ne sont pas près d'avoir des bouches à feu qui portent à cette distance; que, par gros vents d'ouest, les torpilleurs ne pourraient sortir, tandis que des navires ennemis pourraient entrer; qu'une réunion importante de navires anglais ne restera pas immobilisée à Gibraltar en permanence pour la défense du détroit; enfin, que la nuit et les vitesses d'aujourd'hui permettront toujours de franchir ce canal large et profond. Néanmoins, on ne saurait méconnaître l'importance de Gibraltar comme base excellente d'opérations défensives ou offensives.

Dans la partie septentrionale de la presqu'île, une

zone neutre, absolument plate, sépare le territoire anglais du territoire espagnol. Cette zone se termine, du côté de l'Espagne, par la « linéa », rempart peu élevé avec maison de garde, qui traverse l'isthme de l'est à l'ouest et possède un grand ouvrage à chaque aile : San Felipe, sur la baie d'Algésiras, et Santa Barbara, sur la mer Méditerranée.

L'ensemble de la position de Gibraltar se compose de trois parties bien distinctes :

1° La ville espagnole, Gibraltar proprement dit.

2° Le rocher ou peñon avec ses batteries.

3° La ville anglaise ou Pointe-d'Europe.

1° *La ville espagnole.* — Construite sur la face ouest du rocher, la seule qui ne soit pas abrupte, Gibraltar est entouré de murailles qui s'opposeraient à son extension. Elle a 20 à 25.000 âmes et est entourée d'une enceinte bastionnée qui s'étend à l'ouest en longueur, en forme de terrasse.

Personne n'a le droit d'être dehors à Gibraltar, après le coucher du soleil, sauf les officiers anglais.

2° *Le Rocher ou Peñon.* — Les batteries souterraines creusées en 1789 dominent à des hauteurs différentes, qui varient de 500 à 800 pieds anglais, l'isthme qui sépare Gibraltar de la terre ferme. Elles sont armées de vieilles pièces de marine en fonte et l'on en compte 500 sur le rocher.

Ces batteries sont reliées entre elles par trois galeries souterraines, fort larges et fort élevées, à 122, 213 et 308 mètres d'altitude, que relient elles-mêmes des rameaux plus petits, et qui s'élèvent en spirale jusqu'au faîte du rocher. Dans ces galeries, à des distances variables, les embrasures sont taillées dans le roc. Toutes les pièces ont été braquées du côté de l'Espagne (au nord sur la terre ferme à l'ouest sur la baie d'Algésiras). Aucune ne tire sur le détroit et la grande rade. Ce sont les batteries rasantes qui constituent la défense de ce côté. On voit que l'attention des premiers ingénieurs ne s'est portée que sur la possibilité d'une attaque de Gibraltar du côté de la terre ferme.

L'isthme qui l'en sépare a 2 kilomètres à peine de longueur sur 1 de largeur et s'élève en moyenne à 1 mètre au-dessus du niveau de la mer. Cet isthme a été déclaré terre neutre; il est défendu d'y élever aucune construction. Les hauteurs les plus rapprochées de l'Espagne sont hors de portée de canon. Sur ce terrain complètement dénudé, il serait impossible de faire des travaux d'approche ou d'établir des batteries.

Les Anglais ne peuvent craindre qu'une surprise, bien improbable d'ailleurs, et ce n'est qu'à cette préoccupation que l'on peut attribuer le soin jaloux avec lequel ils surveillent l'entrée de tout étranger à Gibraltar et leur opposition absolue à la construction d'un chemin de fer reliant l'Espagne à leur nid d'aigle.

3° *La ville anglaise.* — Pointe-d'Europe est une ville exclusivement militaire et anglaise, où sont réunis les quartiers des troupes et les cottages des officiers et de leurs familles. De tous côtés elle est hérissée de batteries rasantes, armées des pièces les plus nouvelles. On a beaucoup travaillé, dans ces dernières années, à l'amélioration de l'armement de Gibraltar. La garnison est commandée par un général de division qui est en même temps gouverneur de la place.

Le côté Est de la presqu'île tombe si brusquement dans la mer qu'il est considéré comme inaccessible et que, par suite, il a paru inutile d'y créer des fortifications. On parle d'isoler complètement la presqu'île du continent, au moyen d'un canal accessible aux plus grands navires de guerre.

Gibraltar est port franc. On y trouve de nombreux pontons à charbons, des vivres abondants, une citerne flottante. Trois câbles l'unissent respectivement à Malte, la Guadiana, Lisbonne. Il possède actuellement quatre torpilleurs et doit en recevoir deux autres.

Au siècle dernier, Georges III et Pitt regardaient Gibraltar comme d'importance secondaire. On ne pense plus de même aujourd'hui en Angleterre, où l'on songe à faire sur ce rocher de nouveaux travaux, qui seraient considérables, ne le regardant plus comme en sûreté depuis l'invention des explosifs puissants.

Le détroit. — A Tarifa, commence le détroit de Gibraltar, véritable bras de mer qui fait communiquer l'Atlantique et la Méditerranée. Il est parcouru par un courant de surface qui porte à l'est et par un courant de fond inverse du premier. Sa largeur, très variable, est de 24 milles entre les caps Tarifa et Spartel, de 11 milles et demi (23 kilomètres) entre la pointe d'Europe et Almina, enfin de 13 kilomètres seulement entre la tour de Guadalmisi, près de Tarifa, et la pointe Ciris (Maroc), endroit le plus resserré.

Les nouvelles défenses de Gibraltar.

L'opinion publique en Angleterre est visiblement surexcitée par le plan des travaux, proposé par le ministre de la guerre d'Espagne l'année dernière, pour défendre le territoire espagnol du côté de Gibraltar : Il s'agit d'élever des travaux tout le long de la côte, de manière à pouvoir répondre, le cas échéant, à la puissante forteresse anglaise ou à une flotte manœuvrant dans la baie de Gibraltar.

Les Anglais se sont vivement émus. M. Gibson Bowles a poussé le cri d'alarme en plein Parlement; il a publié une petite brochure, intitulée *Un danger national*, où l'on trouve les appréciations suivantes sur Gibraltar.

« Les trois docks que l'Angleterre construit actuellement sur le côté Ouest de la presqu'île de Gibraltar seront sans usage en cas de guerre, parce qu'il est certain que l'Espagne sera du côté des ennemis de l'Angleterre, froissée des remarques de lord Salisbury sur les nations en décadence; et elle attaquera ouvertement et en sûreté les défenses de Gibraltar.

» Avec les canons à longue portée, les docks seront exposés à un feu convergent d'une douzaine de points du territoire espagnol; or, la guerre avec les Boers a montré combien il était difficile de réduire au silence les grosses pièces. »

M. Gibson Bowles demande instamment qu'on ne continue pas la construction des docks, qui sont à peine commencés, et qu'on les fasse sur le côté Est de la presqu'île, où ils seront à l'abri.

L'idée des Anglais, en fortifiant Gibraltar, est certainement d'en faire un port de premier ordre, peut-être aussi une base offensive contre le Maroc.

Gibraltar possède un arsenal, un magasin des subsistances et un grand établissement sanitaire. Un cuirassé servant de bâtiment de garde, et dont l'armement est réduit au point de vue du personnel, est toujours sur rade.

Gibraltar, tel qu'il était il y a encore deux ans, n'offrait pas un abri suffisant à une escadre pour lui permettre de s'y réparer en toute sécurité, car cet abri est limité à la portée des canons de la forteresse; mais les travaux, depuis cette époque, ont été poussés avec une activité considérable, et aujourd'hui les nouvelles jetées sont suffisamment sorties de l'eau pour protéger le mouillage contre toute attaque de torpilleurs.

L'on voit de quelle importance est devenu ce grand établissement pour les Anglais, puisqu'un député comme M. Gibson Bowles ne se lasse pas de demander encore plus, au point de vue protection, en vue d'une coalition européenne. L'on a considéré d'une telle valeur l'argument présenté par son petit livre qu'une commission a été envoyée à Gibraltar.

Cette commission, présidée par le vice-amiral Harris Rawson, a conclu à la nécessité de trois nouveaux docks et d'ouvrages suffisants pour défendre ces docks.

Tout cela coûtera un peu plus de 120 millions, mais les Anglais pourront dormir tranquilles.

Importance de Gibraltar.

Pour se rendre compte de l'importance de Gibraltar, il est nécessaire de connaître le rôle que la flotte anglaise prétend jouer dans la Méditerranée et le but qu'elle se propose d'atteindre en cas de guerre. Il est généralement admis que c'est la route des Indes qu'elle entend conserver et que les batailles navales de l'avenir auront pour but de lui en assurer la libre disposition.

Les visées de l'amirauté anglaise sont plus hautes; car, bien avant l'existence du canal de Suez, la Méditerranée était déjà considérée par elle comme le théâtre d'opérations principal, où elle devait assurer l'hégémonie maritime de la Grande-Bretagne, et il en sera ainsi tant que cette puissance n'aura pas renoncé à faire sentir son action dans le règlement des questions intéressant l'Europe continentale.

Sur le théâtre d'opérations de la Méditerranée, ce seront des résultats décisifs qu'on s'efforcera d'obtenir par la concentration des forces disponibles et par la destruction des flottes ennemies, ainsi qu'opérèrent au commencement du siècle Nelson, Jervis et Howe.

Dans l'état actuel des choses, on ne cherchera donc à protéger cette route des Indes qu'après les premiers succès, car les autorités maritimes sont d'accord pour la considérer comme peu sûre en temps de guerre, et pour lui préférer celle du Cap.

La valeur réelle de Gibraltar ne peut être appréciée que si l'on envisage les services que la place peut rendre comme base d'opérations maritimes : c'est la seule dont l'Angleterre puisse disposer dans le bassin occidental de la Méditerranée, et l'on n'y trouve ni docks pour la réfection du matériel, ni dépôt de charbon suffisant.

Or, ces établissements sont aujourd'hui indispensables dans tout port de guerre. Les navires en bois et à rames du passé étaient remis en état avec la plus grande facilité, même en mer, —comme le fit Nelson après Aboukir — lorsque l'on disposait du matériel nécessaire; mais il est certain qu'après les combats de l'avenir les bâtiments auront subi de telles avaries qu'ils seront tenus de rentrer au port pour les réparer, sous peine de devenir la proie du premier croiseur qu'ils trouveraient devant eux.

Une flotte anglaise, après une bataille livrée dans le bassin occidental de la Méditerranée, aurait donc trois alternatives : se rendre à Malte, retourner en Angleterre, s'arrêter à Gibraltar.

La création du canal de Suez a encore augmenté l'importance de Gibraltar : l'établissement de cette nouvelle route des Indes nécessite pour l'Angleterre la possession d'un port à l'entrée de la Méditerranée.

Dans la pensée des hommes d'Etat anglais, l'existence même de l'empire britannique dépend de la suprématie absolue de l'Angleterre dans la Méditerranée, de cette suprématie qui lui permet, disent-ils, de s'y maintenir comme une menace perpétuelle sur les flancs des nations qui seraient les plus disposées à l'attaquer le cas échéant. « Tant que nous serons formidables dans la Méditerranée, disait-on à la date du 15 novembre dans le *Daily Graphic*, ni la France, ni la Russie, ni l'Espagne ne pourront mettre en jeu toute leur force pour nous faire du mal sur d'autres points. La suprématie dans la Méditerranée fait de nous les arbitres de la paix. »

Mais cette suprématie, grâce à laquelle elle a pu, dans la Méditerranée, tout en ne possédant que le rocher de Gibraltar et l'île à peu près stérile de Malte, aller et venir et agir à sa guise presque à l'égal des Romains, repose sur une fausse appréciation de sa situation stratégique et des conditions actuelles de la guerre navale.

C'est une erreur, en effet, de croire que la Méditerranée ou l'un de ses bassins doive forcément appartenir à la puissance qui y fera croiser le plus grand nombre de vaisseaux. L'histoire nous démontre, au contraire, dès l'antiquité, que la supériorité navale n'y peut assurer la domination sans la possession d'une partie du continent.

Gibraltar et Malte sont des stations fortifiées de la route stratégique de l'Angleterre vers le canal de Suez; mais la sécurité de cette ligne de communication, menacée dans ses flancs depuis le débouché de la Manche jusqu'au cap Bon, repose surtout sur des escadres encore dépourvues de refuges et d'arsenaux intermédiaires.

Evidemment ces escadres pourraient obtenir des succès; mais, sans base d'opérations rapprochée, ces succès ne sauraient jamais être que momentanés. Il ne serait pas difficile alors à une puissance même très inférieure au point de vue maritime, mais possédant un certain développement de côtes pourvues de ports offensifs et de ports de refuge, de ruiner le commerce de l'Angleterre, ou tout au moins d'inquiéter tellement ses navires marchands qu'ils n'oseraient plus se risquer au large de leurs abris. Or, pour l'Angleterre, nation exclusivement industrielle et commerçante, la libre disposition des routes maritimes, et surtout celle des Indes, est une question de vie ou de mort.

Or, la seule base d'opérations maritimes dont puisse disposer l'Angleterre dans le bassin occidental de la Méditerranée est Gibraltar, dont on peut ainsi apprécier la valeur réelle.

LA QUESTION DU DÉTROIT

« La question du Maroc est hypothéquée d'une question du détroit », disait récemment un homme d'Etat. C'est surtout en ce qui concerne l'Angleterre que cette expression est heureuse. Pour les Anglais, le Maroc est bien moins une grande étendue de terres fertiles que la rive méridionale du détroit de Gibraltar. Le sort de la masse de l'empire chérifien les préoccupe généralement fort peu. Nombre de leurs publicistes sont tout prêts à reconnaître que la France est la véritable héritière des sultans de Fez et de Marrakech, mais cette générosité britannique est toujours accompagnée d'une restriction : elle ne veut pas qu'il soit touché à Tanger.

Gibraltar, qui n'a ni docks pour la réfection du matériel, ni dépôt de charbon, ne suffira probablement pas dans l'avenir comme port de guerre sur la route des Indes. C'est donc ailleurs qu'a cherché l'Angleterre : à Tanger qui a paru lui offrir les avantages désirés.

« Peu nous importe, disent les journaux anglais, quelle sera la nation qui s'établira au Maroc, à l'exception toutefois de Tanger, qui devra nous appartenir et que nous avons eu jadis la sottise d'abandonner. »

L'acquisition de cette ville et d'une portion de la rive marocaine du détroit est donc devenue l'objectif du gouvernement anglais.

Pouvant alors faire de Tanger une place maritime de premier ordre complétant Gibraltar; ayant la faculté d'en faire la base d'opérations offensives d'une formidable escadre permanente; libre enfin d'échelonner le long de la côte marocaine de puissantes batteries, l'Angleterre détiendrait toutes les clefs de la Méditerranée; elle serait maîtresse de toutes les communications des ports méditerranéens avec le reste du monde.

Il est inutile d'insister pour montrer qu'une solution pareille ne saurait être acceptée à aucun prix, ni par la France, ni par les autres puissances maritimes et coloniales.

Or, le détroit de Gibraltar fait partie de ces passages des routes du monde sur lesquels l'Angleterre ne saurait discuter, parce qu'il est de son intérêt supérieur de les dominer. Si l'on veut menacer le détroit, substituer à l'impuissance de riverains qui rassurent entièrement la diplomatie britannique, la présence d'une force réelle et agissante, il faudra faire violence à l'Angleterre.

La manière dont les Anglais considèrent actuellement la situation de Gibraltar peut nous renseigner sur l'état de choses dont ils accepteraient l'établissement sur la rive opposée et sur le rôle qu'ils font jouer à l'Espagne. C'est un aspect spécial de la question marocaine.

Les idées qui règnent sur le rôle de Gibraltar ont été éclairées par de récents articles de journaux, un débat à la Chambre des communes et par l'intervention, que nous mentionnons plus haut, du député Gibson Bowles.

M. Balfour, répondant, au nom du gouvernement, à M. Gibson Bowles, disait : « La politique de la commission consisterait à nous laisser pendant dix ans, pour économiser 300.000 livres sterling, avec une base navale inachevée à Gibraltar. J'ose dire que la question du Maroc pourrait être réglée dans dix ans. »

Il est donc intéressant de bien se convaincre que, lorsqu'on envisage la question marocaine, il faut absolument distinguer entre le Maroc territorial et le Maroc du détroit. Même si nous arrivions à nous charger des destinées du premier, nous ne pourrions lui joindre le second qu'à la condition de nous trouver dans de telles circonstances, peut-être dans un tel groupement de puissances, qu'il nous serait possible d'appuyer nos prétentions par la force.

Si nous désirions occuper le pays voisin de l'Algérie, une solution se présente : la neutralisation du détroit, c'est-à-dire d'une certaine bande de terre sur la rive. Il ne faut pas d'ailleurs nous faire d'illusions : cette neutralité équivaudrait à la mainmise, ou plus exactement, au maintien de la mainmise actuelle de l'Angleterre sur le détroit de Gibraltar. En temps de guerre, en effet, le détroit serait fermé aux flottes des puissances ennemies de la Grande-Bretagne.

Du reste, il ne faut pas oublier que la manière dont nous devons envisager la question du Maroc est exactement l'inverse de celle qui s'impose à l'Angleterre. Si, pour elle, le détroit est tout, pour nous il est beaucoup moins important, parce que les positions prises et la direction que notre situation territoriale impose à nos armements nous obligent à le considérer comme échappant à nos moyens d'action. Au contraire, la domination du territoire voisin de l'Algérie importe au plus haut degré à notre avenir et même à notre sécurité. Les points de vue auxquels les deux puissances doivent se placer sont donc différents et une entente ne serait peut-être pas impossible.

On peut objecter que rien n'oblige l'Angleterre à se mêler, moyennant la purge de l'hypothèque du détroit, à une solution française de la question du Maroc. Pour l'instant, le gouvernement britannique ne paraît songer qu'à maintenir un *statu quo* qui lui est commode.

L'intérêt positif que l'Angleterre porte au Maroc n'est pas territorial. Elle ne désire pas y avoir une frontière de plus à garder. La situation qu'elle occupe est surtout commerciale. La question du détroit seule est pour elle d'un intérêt capital. Il était donc intéressant d'en exposer les éléments et d'en montrer une solution possible.

L'ACTION DE L'ANGLETERRE AU MAROC

Les convoitises anglaises.

La possession de Gibraltar, unique base d'opérations maritimes, ne suffit pas à l'Angleterre, nation industrielle et commerçante, pour qui la libre disposition des routes maritimes est une question de vie ou de mort. Sans côtes dans le bassin occidental de la Méditerranée, elle n'y possède ni points de refuge ou de ravitaillement, ni arsenaux. C'est en grande partie pour avoir senti le grave inconvénient de cette absence de côtes, de base continentale, que l'Angleterre s'est installée en Egypte. Les convoitises des Anglais sur le Maroc s'expliquent donc aisément.

Et ainsi que le disait M. Etienne, le 21 janvier 1902 à la Chambre des députés : « Assurément, cette action inlassable et tenace des Anglais est de nature à provoquer l'admiration, car aujourd'hui, alors que peut-être ils devraient être si prudents, alors qu'ils devraient songer à régler les énormes difficultés qui pèsent sur eux, ils continuent la même politique active et inquiétante.

» Cette politique mondiale, je ne sais comment la traduire; c'est une politique insatiable qui n'a jamais de répit, qui poursuit les autres puissances là où elles sont nettement établies. Ce Maroc, dont nous voulons réserver l'intégrité, où nous voulons avoir une influence prépondérante, ce Maroc devient la convoitise du peuple anglais. »

Passés maîtres en l'art de s'introduire dans un pays, les Anglais cherchent à s'infiltrer par tous les moyens au Maroc. Tout d'abord ils ont sollicité l'autorisation de compléter l'organisation du phare international du cap Spartel par un sémaphore. Battus de ce côté, ils ont demandé l'autorisation d'élever à Tanger un hôpital pour la garnison de Gibraltar. Le sultan a encore refusé.

En agissant ainsi, l'Angleterre est fidèle une fois de plus à sa politique qui la pousse à occuper tous les points du globe pouvant, à un titre quelconque, commander ses routes maritimes.

Devant ces convoitises non déguisées, l'opinion publique s'est émue et, à la dernière discussion sur la politique générale, M. Etienne n'a pas hésité à s'écrier :

« Le Maroc devient la convoitise du peuple et du gouvernement anglais. Voici ce qui s'y passe : la cour est à Rabat; elle vient de se transporter sur le bord de la mer et là le sultan est entouré d'un personnel spécial d'où émerge M. Mac-Clay, qui fait partie du personnel de la légation anglaise. Cet homme, très habile, a su intéresser l'esprit du sultan et il a obtenu de lui une série de concessions très avantageuses; il a su l'amener à commander une série d'objets; ces commandes se sont traduites par des sommes qui, ajoutées les unes aux autres, forment aujourd'hui une dette relativement importante contractée par le sultan auprès des banques anglaises. Or, pour ceux qui connaissent le maghzen, on sait que les coffres ne s'ouvrent que sous la menace du canon. Les Etats-Unis, l'Espagne, la France elle-même ont dû user de ce procédé. Comme l'Angleterre ne veut pas que le sultan lui paye ses dettes, elle va dire au sultan : « Vous avez contracté, vis-à-vis de nos banques, une dette relativement importante : nous ne vous en demandons pas le remboursement, mais vous avez des moyens de vous acquitter : vous pouvez nous accorder des concessions d'ordre commercial, d'ordre douanier, des concessions de chemins de fer. »

Quoi qu'il en soit, l'Angleterre hésitera toujours avant de se lancer dans une action pouvant amener des complications européennes, et lors de la liquidation de l'empire marocain, le jour où des échanges de vues diplomatiques se produiront dans le but de régler la question, il est probable qu'elle proposera un moyen de la résoudre sans préjudice pour personne, en neutralisant la rive marocaine du détroit.

Pendant un demi-siècle, l'Angleterre a été la conseillère intime du sultan. C'est en lui inspirant confiance, en lui faisant désirer sa puissante amitié et en mettant à sa disposition son expérience européenne, qu'elle avait réussi à se rendre prépondérante au Maroc. Ce programme fut rempli avec la plus grande habileté par sir John Drummond Hay, qui, pendant plus de trente ans, occupa le poste de ministre d'Angleterre à Tanger. C'est ce qui explique la puissance de l'Angleterre à Fez. C'est surtout par l'entourage du sultan qu'elle pèse sur les décisions, et cet entourage lui est en grande partie acquis. Le sultan et le vizir sont entourés et circonvenus par des agents officieux de toute sorte. L'âme de ces agents est le pseudo-colonel Mac-Léan, ancien officier ou sous-officier de la garnison de Gibraltar.

C'est au sujet de ce Mac-Léan et de ces agents que M. Raiberti disait à la tribune de la Chambre :

« Des instructeurs anglais ont pris possession de l'armée marocaine. C'est à un Anglais, sir Mac-Léan, que le sultan vient de conférer le titre de général en chef des troupes marocaines. C'est sir Mac-Léan qui conduisait en ambassade à Londres El Ménébéhi, le ministre de la guerre du sultan, pendant que nous recevions nous-même à Paris cette ambassade marocaine, dont le ministre des affaires étrangères disait au Sénat qu'elle était une manifestation des sentiments amicaux du Maroc et de la France. Il est vrai qu'au retour de son voyage, El Ménébéhi tombait en disgrâce. Mais cette disgrâce était de courte durée et ne tardait pas à être suivie d'un renouveau de faveur dont se prévaut aujourd'hui l'influence anglaise. »

Pendant que la mission visitait Londres, le caïd Mac-Léan agissait : il achetait des canons et des fusils, embauchait des instructeurs anglais, et les bateaux de la « Globe Venture Company » déchargeaient à Tétuan et à Tanger des armes et des munitions.

Et M. Raiberti ajoute :

« Des officiers anglais sont actuellement à Rabat, auprès du sultan; ils ont la mission de créer un régiment modèle qui deviendra lui-même une pépinière d'instructeurs pour les troupes chérifiennes.

» Mais ce n'est pas tout. Le projet de mainmise de l'Angleterre sur les troupes marocaines ne semble être que le prélude du projet plus vaste d'une mainmise générale sur tous les services du pays.

» Le bruit court au Maroc que l'Angleterre, recommençant l'expérience qui lui a si bien réussi en Chine, songe à créer un système de douanes, et même l'on n'attendrait plus à Tanger que le nouveau sir Robert Hart qui doit venir présider à cette création.

» On prête encore à l'Angleterre l'intention d'organiser un service des postes dont elle tiendrait entre ses mains l'administration.

» Enfin, il est bruit d'un emprunt, que les capitaux anglais seraient prêts à consentir au sultan du Maroc, pour créer un réseau de chemins de fer. On fixe même déjà le chiffre de cet emprunt à dix millions. »

En somme, au Maroc comme partout ailleurs, l'Angleterre cherche à écarter toutes les autres nations, afin de rester seule maîtresse du marché et d'exploiter le pays exclusivement à son profit.

Le traité anglo-marocain.

Les pronostics auxquels avait donné lieu la nouvelle de l'envoi d'une mission extraordinaire marocaine à Londres et à Berlin se vérifient. Un télégramme de Londres nous annonce, en effet, qu'un traité de commerce a été signé par le marquis de Lansdowne et les plénipotentiaires chérifiens. On dit bien que ce traité sera soumis aux autres puissances : l'Allemagne, la Russie et la France. Une note d'allure officieuse donne même à entendre que la convention n'accorde à l'Angleterre aucun privilège spécial, qu'elle a simplement pour but d'ouvrir le Maroc au commerce européen. La France, mieux placée que toute autre puissance pour développer son trafic, se trouverait, de ce chef, très avantagée. A en croire cette note, nous n'aurions donc qu'à applaudir.

S'il en est ainsi, il ne nous reste qu'à nous étonner que le traité de commerce proposé à notre agrément ait été signé à Londres et non à Paris. Nous venons d'avoir avec le maghzen une longue conversation qui s'est terminée, paraît-il, à notre satisfaction complète. Une ambassade marocaine a été envoyée à Paris pour parfaire le règlement des points litigieux. Pourquoi n'a-t-on pas profité de l'occasion pour nous faire connaître les avantages que la France va retirer de ces nouveaux traités?

Nous savons, en revanche, ce qu'a fait l'ambassade

marocaine à Londres. Un traité est signé. La mission chérifienne vient d'arriver à Berlin où elle va le soumettre à l'approbation du gouvernement allemand. Nul doute que celui-ci n'accepte une convention qui va ouvrir à son commerce de nouveaux débouchés au Maroc. L'attitude d'une bonne partie de la presse allemande semble bien indiquer que l'Allemagne et l'Angleterre sont d'accord en cette affaire.

Il nous faut voir les choses comme elles sont : le Maroc se lie et il se lie avec nos adversaires. Cet Etat, demeuré jusqu'à présent en dehors du monde civilisé, contracte un nouveau traité et se soumet à des engagements dont nous ignorons l'exacte portée. Ce traité est conclu, sans doute, *in perpetuum*. Or, nous ne pouvons oublier les difficultés sans nombre qui sont résultées en Tunisie des conventions commerciales consenties par le bey à l'Italie, à la Grande-Bretagne et aux autres puissances. Sont-ce des obstacles analogues que l'on nous prépare pour l'avenir? Il n'y a pas de développement commercial ni de traitement de nation la plus favorisée qui tienne : tout acte qui laisse le champ libre aux puissances dont nous redoutons la rivalité au Maroc est contraire aux intérêts de la France. Il est inutile de chercher à le dissimuler.

L'action anglaise.

Nous avons exposé les diverses tentatives, les divers projets anglais pour arriver enfin à la domination du Maroc. Mais, suivant l'éloquente expression de M. Raiberti, « n'y a-t-il pas dans cet ensemble de projets comme une sorte de menace suspendue sur cette intégrité de l'empire chérifien dont parlait si justement le ministre des affaires étrangères et que la France a, en quelque sorte, garanti aux yeux de l'Europe lorsqu'elle signa le protocole du 21 juillet 1901, par lequel elle confirmait solennellement cette intégrité, en étendant l'autorité du sultan du Maroc sur des tribus et des territoires qui lui avaient échappé jusqu'alors? »

Il y a quelque chose de plus inquiétant peut-être que cette politique de l'Angleterre, c'est le mobile qu'elle poursuit.

Est-ce la réponse aux critiques formulées par son opinion publique et même dans son Parlement contre l'insuffisance des défenses actuelles de Gibraltar, et veut-elle compléter, par son établissement sur la côte d'Afrique, sa position sur la côte d'Espagne devenue insuffisante à ses yeux? Mais alors, c'est toute la question de la Méditerranée qui se pose.

Ou bien veut-elle, sous prétexte d'affermir le *statu quo* dans l'empire du chérif, faire du Maroc un danger éventuel contre notre colonie algérienne?

Dans les deux cas, l'hypothèse est inquiétante. Elle est plus inquiétante encore si, au lieu de considérer le présent, on envisage l'avenir. Par l'activité que déploient en ce moment sur tous les points du globe les agents officieux ou officiels de l'Angleterre, ne craignant pas de soulever les incidents ou de les envenimer, que ce soit au Siam, en Chine, au golfe Persique ou au Maroc, on peut se demander ce que deviendrait de nouveau cette politique, le jour où l'Angleterre se trouverait les mains libres et n'aurait plus à supporter le formidable effort que lui a imposé la guerre de l'Afrique du Sud.

Le moment est venu pour nous d'opposer, à ces initiatives que l'on prend contre nous, les initiatives qui nous reviennent.

N'avons-nous pas, au moment où la France interposait ses bons offices entre l'Espagne et les États-Unis, laissé échapper une occasion, entre toutes favorable, pour échanger avec l'Espagne nos vues sur le Maroc et les faire connaître à l'Europe?

En tout cas, le moment est venu de les faire connaître à l'Angleterre et d'obtenir les explications nécessaires.

L'ESPAGNE

Possessions espagnoles au Maroc.

L'Espagne possède sur la côte marocaine la ville de Ceuta et les présides : Melilla, Zebda, Peñon de Velez, les îles Alhucenas et Zaffarines.

Ceuta. — Cette ville, située en face de Gibraltar, comprend quatre parties : l'ancienne Ceuta, la vieille ville, la ville neuve, le plateau du mont Hacho.

1° Les ruines de *l'ancienne Ceuta* sont sur une hauteur escarpée, à l'ouest de la partie continentale de l'ensemble; quelques ouvrages défendent cette partie à l'Est.

2° *La vieille ville*, formant un rectangle de 500 mètres de long et de 250 de large, est entourée de murs. Elle est réunie à la partie continentale et à la nouvelle ville par des ponts. Entre l'ancienne et la nouvelle ville, se trouve le petit port qui a des fonds de 7 à 15 mètres et est défendu par la batterie de Saint-Sébastien. La crête est fort escarpée.

3° *La ville neuve* ou Almina est bâtie sur un terrain de 1.500 mètres de long. Elle a une enceinte protégée par des batteries. La pointe d'Almina, à l'est de Ceuta, est peu élevée. Une batterie la domine.

4° A l'est de Ceuta, *le plateau de Hacho*, dont les bords tombent brusquement dans la mer. Au milieu, s'élève le mont Hacho, roc pelé et aigu, l'Abyla des anciens, une des colonnes d'Hercule, l'autre était le morne de Gibraltar. Une enceinte borde ce plateau sur lequel on remarque de nombreux ouvrages, parmi lesquels le fort ou la citadelle du Hacho, de 600 mètres de long sur 200 de large, de tracé irrégulier, avec six bastions et venant se relier à la ville neuve sur le mont lui-même.

L'Espagne possède Ceuta depuis 1570. C'est un point stratégique important sur le détroit, port libre, mais sans commerce. Ceuta peut être appelée le Gibraltar marocain, car elle ressemble au Gibraltar espagnol par la structure géologique, la forme péninsulaire de son territoire, sa position en sentinelle sur le détroit; mais, dans l'état actuel, elle lui est considérablement inférieure au point de vue de la valeur militaire.

La diplomatie anglaise a réussi jusqu'à présent à empêcher l'Espagne de transformer Ceuta en une grande place maritime. Au commencement du siècle, pendant la guerre d'Espagne, les Anglais occupaient Ceuta, en qualité d'alliés de la junte de Cadix, pour garantir cette place contre les coups de main des Français. Après la paix, ils élevèrent la prétention d'y rester. Et ce ne fut qu'au prix des plus grands efforts que le cabinet espagnol en obtint l'évacuation.

Melilla. — 3.000 habitants. Petite place assez bien fortifiée, avec une double enceinte, en face de la ville d'Almeria en Europe; cette place est le plus important des « présides » espagnols. Elle est protégée par la citadelle, le fort Rosario, sur une hauteur, et de nouveaux ouvrages. Elle est reliée par câble à Alboran el Almerid et aux îles Zaffarines. Elle offre, par 30 et 50 mètres, un mouillage bien abrité contre les vents de la partie Ouest, mais ouvert à l'est et au nord.

Peñon de Velez. — 400 habitants. Forteresse située

sur l'îlot de San-Antonio. Un service régulier de vapeurs relie le Peñon de Velez à Malaga, située en face.

Iles Alhucenas. — Sa situation sur un rocher donne une certaine valeur au fort d'Alhucenas, construit sur la plus élevée et la plus large des trois îles du groupe.

Entre les *îles Zaffarines* et la terre, se trouve une excellente rade, abritée du vent et de la mer dans toutes les directions : c'est la seule jusqu'à Oran qui remplisse ces conditions. L'île Isabelle-II porte le pénitencier. Câble avec Melilla et l'Espagne.

Ile Alboran. — Visible à 10 ou 12 milles. Cette île est située à peu près à égale distance de l'Espagne et du Maroc : elle est à 31 milles du cap des Trois-Fourches (Maroc). Elle est traversée par le câble d'Almeria à Melilla; son feu a une portée de 15 milles. Elle possède un mouillage forain (par 24 mètres), abrité du nord-ouest à l'ouest.

Les prétentions espagnoles.

L'Espagne est entraînée vers le Maroc par une séduction irrésistible à laquelle la prédispose son histoire. Elle a toujours considéré le Maroc comme une province détachée de l'empire des Maures et les présidios de Ceuta, du Peñon de Velez et de Melilla ne sont aux yeux des Espagnols que des points de débarquement pour la conquête future.

Il est impossible, en effet, que les Espagnols puissent se désintéresser du Maroc : les Maures ont laissé en Andalousie des traces trop profondes pour que les populations du midi de la péninsule ne se rappellent les huit siècles de combat livrés pour reconquérir leur patrie.

C'est donc leur passé, toute leur histoire qui commandent aux Espagnols de fixer leurs regards sur la rive marocaine et de nourrir l'ambition de la conquête.

L'expédition de 1860.

En 1860, l'Espagne crut réaliser son rêve de conquête. La guerre avait été déclarée au sultan et une armée de 50.000 hommes débarquée à Ceuta. Le général O'Donnel s'était déjà emparé de Tétouan et marchait sur Tanger, quand, brusquement, il reçut l'ordre de s'arrêter et de traiter avec l'ennemi en déroute.

L'ambassadeur d'Angleterre à Madrid avait, en effet, présenté au ministre des affaires étrangères d'Espagne un ultimatum interdisant aux troupes d'entrer à Tanger, — attendu qu'aux yeux du cabinet britannique, une occupation de Tanger par l'Espagne était incompatible avec la sécurité de Gibraltar, — et invitant, en outre, le gouvernement espagnol à acquitter une dette de plusieurs millions, contractée autrefois envers l'Angleterre.

Se trouvant dans l'impossibilité de payer, l'Espagne dut se soumettre et ajourner son entreprise. Mais cette entreprise, elle la perd d'autant moins de vue que la conférence internationale de Madrid en 1880 a, dans une certaine limite, reconnu la légitimité de ses intérêts au Maroc.

Le dernier incident hispano-marocain.

Après l'envoi d'ambassades chérifiennes, en 1901, à Londres, Paris, Berlin, Saint-Pétersbourg, on put espérer que les puissances occupées en Orient se désintéressaient de la question marocaine. Or, l'incident hispano-marocain l'a remise sur le tapis.

Au mois de juillet 1901, deux jeunes Espagnols ont

été enlevés par une tribu kabyle. De Madrid, on réclama la délivrance des captifs et la punition des ravisseurs. A Marakesch, on donna de bonnes paroles et on ne fit rien. A l'expiration du délai imparti au maghzen par le duc de Almodovar pour accorder satisfaction aux réclamations de l'Espagne, le cabinet Sagasta annonça l'intention de prendre des mesures énergiques. Le *Heraldo*, de Madrid, publia une interview du président du conseil où, tout en proclamant hautement le désintéressement de l'Espagne et l'intention du gouvernement de maintenir le *statu quo*, il déclarait qu'il ne laisserait pas les criminels impunis : « Depuis le premier moment, le gouvernement avait jugé la question très délicate par suite des conséquences internationales pouvant en résulter. Il fallait avant tout convaincre les puissances qu'on allait simplement exiger une réparation et infliger un châtiment aux Kabyles. »

Un cuirassé, le *Numancia*, fut envoyé à Tanger. Le ministre de la guerre, le général Weyler, passa une inspection minutieuse de toutes les fortifications de la côte méridionale et des présides. Malgré les difficultés de la situation financière, il annonça l'intention de demander immédiatement des crédits importants pour construire de nouveaux ouvrages à Ceuta et sur la côte andalouse.

Cependant le gouvernement espagnol ne renonça pas à régler le conflit pacifiquement. Il résolut de faire une nouvelle tentative auprès du sultan. Le premier drogman de la légation espagnole à Tanger partit pour Marrakesch où il réussit à obtenir la libération des captifs et les satisfactions demandées.

Dès le début du conflit, le gouvernement espagnol avait pris soin de s'assurer l'assentiment et l'appui moral des puissances. Il leur communiqua toutes les notes qu'il adressait au maghzen. Mais les puissances ne s'en tinrent pas à cette attitude purement passive. Tous les ministres résidents à Tanger écrivirent au sultan pour l'éclairer sur la gravité de la situation et lui démontrer l'urgence de prendre des mesures énergiques afin d'accorder satisfaction aux justes réclamations de l'Espagne. Il y eut donc là une certaine tendance à internationaliser la question du Maroc et cette tendance mérite l'attention.

L'Angleterre et l'Espagne.

La raison de l'ingérence constante de l'Angleterre dans les affaires de l'Espagne s'explique facilement : la faiblesse de l'Espagne est pour l'Angleterre d'un intérêt de premier ordre, car si Gibraltar commande encore aujourd'hui dans une certaine mesure l'accès du détroit, cette situation cessera le jour où l'Espagne aura recouvré une partie de son ancienne puissance. En effet, trois autres points des rives de la passe ont une grande importance stratégique : sur la rive Nord, Tarifa ; sur la rive marocaine, Tanger et Ceuta. Or Tarifa et Ceuta appartiennent à l'Espagne et sont, en tant que positions, égales en valeur à Gibraltar.

C'est donc à maintenir l'Espagne au rang d'Etat de second ordre, à l'empêcher de transformer Tarifa et Ceuta en grands ports de guerre capables d'annihiler Gibraltar, que s'applique depuis un quart de siècle la diplomatie anglaise. Confiante dans sa force, elle interdit toute velléité d'annexion ou d'agrandissement de territoire au Maroc. Mais elle ne renonce pas pour elle-même à toutes visées. C'est à ces tentatives que faisait allusion M. Chastenet lorsqu'il disait à la Chambre :

« L'Angleterre ne serait apparemment pas fâchée de trouver à Tanger un pendant à Gibraltar. Ce serait une double clef de la Méditerranée occidentale qui se trouverait ainsi entre ses mains.

» Une mission anglaise vient d'être envoyée au Maroc. Quel est le but de cette mission? Qu'y a-t-il de vrai dans les bruits suivant lesquels il s'agirait d'un emprunt à contracter par le Maroc, emprunt qui serait gagé soit par des droits de douane, soit par la frappe de la monnaie, soit par le monopole des voies ferrées ou des lignes télégraphiques?

» L'Espagne se prêtera-t-elle à ces combinaisons? On sait que la presse anglaise s'efforce de susciter les susceptibilités de l'Espagne à l'encontre de la France. Mais des hommes politiques espagnols, qui ne se laissent pas abuser, commencent à déjouer ces manœuvres et à se rendre un compte exact de la situation. »

Les derniers discours de M. Gibson Bowles à la Chambre des communes peuvent, en outre, éclairer l'esprit des hommes d'Etat espagnols sur les véritables sentiments de l'Angleterre : on se rappelle que ce député n'a pas hésité à proposer, à la tribune, de faire, à la première alerte, occuper par 30 ou 40.000 hommes une fraction du territoire espagnol autour de Gibraltar.

Les sentiments de l'Angleterre au sujet des prétentions espagnoles se sont donc clairement manifestés. Jamais l'Angleterre ne permettra à l'Espagne de s'établir de l'autre côté du détroit. Naguère les Anglais protestaient contre l'établissement à Ceuta de quelques canons à tir rapide. L'Angleterre profite donc de l'infériorité de l'Espagne pour réprimer en elle toute velléité d'agrandissement de territoire au Maroc.

La France et l'Espagne.

La France a toujours agi envers l'Espagne avec une correction qui ne s'est jamais démentie. Nous lui avons prêté le concours le plus efficace et le plus désintéressé lors des troubles de Melilla et lors du dernier différend hispano-américain. Ce qui n'empêche pas la diplomatie anglaise de chercher à mettre les deux nations en défiance, espérant par là empêcher entre elles un accord à défaut duquel Tanger pourrait subir le sort de Gibraltar.

Les intérêts de l'Espagne et de la France au Maroc sont solidaires, et ce ne sera pas de trop de leurs forces réunies pour civiliser la partie occidentale des côtes méditerranéennes. Leur objectif commun doit être d'empêcher que Tanger ne tombe au pouvoir des Anglais. Les circonstances imposent une action combinée. C'est ce qu'ont compris nombre d'hommes d'Etat espagnols : M. Silvela, M. Julian Ribera, dans des articles très commentés en Espagne, préconisent une entente avec la France. Ils comprennent parfaitement « que la France ne veut rien qui soit de nature à lui aliéner les sympathies de la nation espagnole, mais que l'Espagne, en l'état actuel de ses finances, de sa force militaire, de sa situation en Europe, ne peut rien sans le concours de la France. Unies au contraire, elles peuvent préserver le Maroc d'une mainmise de la part de l'Angleterre ».

L'Espagne ne peut se faire aucune illusion; ni l'Angleterre ni l'Allemagne ne lui permettront d'occuper les deux rives du détroit à titre tout à fait indépendant et pour les fortifier à loisir. Elle ne saurait espérer de ces puissances le don gracieux du Maroc entier. Et, puisqu'il faut partager, mieux vaut s'associer avec la France. La question du Maroc se prête à bien des combinaisons et dans quelques-unes les ambitions espagnoles risqueraient d'être entièrement écartées; — aussi l'Espagne agira-t-elle sagement en envisageant désormais cette seule possibilité. Il va sans dire que, pour sa part du Maroc, la France pourrait accorder à l'Espagne une zone sur le détroit, couverte par un arrangement international.

Est-ce à dire qu'il faille précipiter l'ouverture de la succession chérifienne ? Loin de là. L'intérêt de l'Espagne autant que de la France est de prolonger le *statu quo* le plus possible. Mais, tôt ou tard, la civilisation européenne débordante renversera les fragiles barrières qui s'opposent à son expansion au Maroc. Et ce jour-là, il sera de bonne politique pour la France et l'Espagne de savoir rester unies.

La politique espagnole et le Maroc.

M. Julian Ribera, dans la *Revista de Aragon*, consacre un long article à la question du Maroc. Il commence par rappeler les déclarations de M. Silvela à propos du dernier conflit hispano-américain, et c'est de cet article que nous extrayons les lignes suivantes :

« M. Silvela se déclare résolument pour une entente avec la France en vue d'une action commune contre le Maroc, et non pas par des moyens indirects et pacifiques comme le système du protectorat établi en Egypte et en Tunisie, mais par des moyens violents, par la conquête.

» Presque tous les hommes politiques, consultés sur ces déclarations de M. Silvela, se sont accordés pour juger cette opinion imprudente et ils ont été unanimes à se déclarer partisans du *statu quo;* cela veut dire que l'Espagne doit faire le nécessaire pour que le Maroc se maintienne indépendant et libre, sans s'assujettir au protectorat ni aux intrusions des nations étrangères.

» La première condition pour arriver à ce résultat, c'est d'en finir avec tout ce qui met en danger l'indépendance du Maroc. Or, il y a deux dangers :

» 1° L'anarchie intérieure de l'Empire ;

» 2° La rapacité de l'Europe.

» Or, les politiciens espagnols ont fait depuis longtemps à cet égard tout leur possible pour que le premier se propage et soit durable et que le second s'accroisse rapidement.

» Le *statu quo*, en raison de notre impuissance actuelle, serait évidemment la meilleure solution. Moi aussi, je désire le *statu quo*, mais je veux qu'il soit actif, c'est-à-dire ayant pour effet de mettre le Maroc en état de se soutenir soit seul, soit avec notre aide.

» Or, s'il survient un conflit, que ferons-nous ?

» Dans la question du Maroc, bien que toutes les nations d'Europe n'aient pas un intérêt égal à ce que l'entrée de la Méditerranée soit libre ou non, on peut prédire qu'elles uniront leurs influences. Deux nations enfin sont décidées à intervenir au Maroc directement et sûrement : l'Angleterre et la France.

» L'Angleterre, à la vérité, ne cherche pas à s'emparer de l'Empire, car elle possède des colonies à ce point fertiles et étendues qu'elles lui font dédaigner les affaires qui exigent une trop grande dépense d'énergie pour peu de bénéfices; mais elle a trop d'intérêts dans le détroit pour renoncer à ses prétentions de dominer Tanger.

» Quant à la France, elle se précipiterait si on la laissait libre et se jetterait sur le Maroc. Aucune autre puissance n'apprécierait, en effet, autant qu'elle la valeur de cette conquête qui réaliserait cet agrandissement de ses possessions tant souhaité par elle, car il faut prévoir qu'avec le temps l'Algérie ne sera plus une colonie, mais fera partie de la Métropole.

» Il faut, par conséquent, tenir pour certain qu'on ne nous laissera pas le champ libre pour manœuvrer isolément. Il serait donc bien sot de penser que nous

nous trouverons jamais seuls : il faut nécessairement que nous marchions avec les autres ou contre eux.

» Lequel des deux partis devons-nous prendre? »

Et ici, l'auteur examine les avantages respectifs des deux alliances :

« Marcherons-nous avec l'Angleterre? A première vue, c'est ce qui paraît nous exposer le moins. Evidemment l'Angleterre se contenterait de la possession de Tanger; mais ne nous berçons pas de l'illusion qu'une fois en possession de la ville de Tanger elle fera des folies en notre faveur lorsque nous arriverons au moment le plus critique de la conquête, quand nous nous trouverons à l'intérieur où, avec peu d'efforts, la France pourrait entraver notre marche, de façon à rendre impossible le succès de l'entreprise. L'Angleterre, en cas de danger, saurait bien fortifier Tanger, puis elle nous laisserait nous débrouiller seuls. En fin de compte, il faut bien se persuader que, tant que les Anglais auront le pied cloué à Gibraltar, nous ne pourrons avoir en eux de vrais amis.

» Pour moi, ajoute M. Ribera, je ne vois pas d'autre solution que de nous entendre avec la France.

» L'amitié de cette nation nous est fort utile chez nous et au dehors. La question du Maroc ne peut se résoudre sans son assentiment : même dans l'heureux cas où la conquête serait facile, on ne peut la faire ni la conserver sans l'amitié de la France qui tient entre ses mains la frontière marocaine par l'Algérie, base naturelle d'opérations offensives et défensives et source d'influence morale d'une grande force.

» En outre, nous ne pouvons pas tenir la France pour notre ennemie, tant à cause de sa proximité avec l'Espagne qu'à cause de l'affinité de sa race avec la nôtre. Par tout cela, la France peut exercer une notable influence sur notre propre vie intérieure, que nous devons rendre normale avant de nous occuper du Maroc. Ce serait donc une témérité extrême que de nous lancer à la recherche d'aventures en dehors de notre territoire, en laissant en suspens ou en danger la question de nos relations avec la France.

» Mais la France, étant plus puissante et plus forte, ne peut-on craindre qu'elle abuse de notre amitié dans une action commune contre le Maroc ?

» C'est certes le point délicat de la question. En ce qui concerne la question du Maroc, l'énorme infériorité de nos moyens, comparés à ceux de la France, nous mettrait dans l'obligation de nous soumettre entièrement à elle pour obtenir un succès durable. Il ne faut pas oublier que les aptitudes nécessaires pour s'emparer d'un pays par la force sont très distinctes de celles qui sont nécessaires pour en organiser la possession : si l'on n'a pas ces dernières, il ne faut pas entamer une guerre de conquête. Or, si même nous réussissions dans les premières opérations militaires, nous nous verrions, à la fin, dans la nécessité d'avoir recours aux moyens que possède la France.

» Dans ces conditions, à quoi nous déciderons-nous? Il résulte de tout cela que, si le conflit survenait immédiatement, le mieux serait de renoncer à toute illusion. Nous avons été impuissants à conserver un empire colonial où dominait la race espagnole. Comment donc irions-nous nous lancer seuls dans la recherche d'aventures contre un peuple de caractère dur et révolté, au milieu des passions que soulèverait notre action dans la majeure partie des puissances européennes ?

» Devons-nous cependant renoncer à tout? Ceci est une autre affaire. Le *statu quo*, comme la conquête, exige de notre part de longs préparatifs. L'un et l'autre exigent des conditions communes à toute éventualité. C'est là ce qui doit être l'objet de nos préoccupations. »

M. Julian Ribera termine alors cet intéressant exposé en insistant sur les réformes qui s'imposent à l'Espagne. Il nous montre quelle politique l'Espagne doit suivre au Maroc pour se gagner la sympathie des Maures et accroître son influence auprès du Sultan, mais ces considérations essentiellement nationales, sont d'un intérêt moins direct pour nous.

L'ITALIE

Il y a vingt ans, l'Italie était à peu près inconnue du Sultan et du Maghzen. Maintenant, elle entretient au Maroc le personnel complet d'une légation. Dans son besoin d'expansion, elle avait esquissé, dans ces dernières années, un mouvement de pénétration qui n'a pas jusqu'à présent donné de grands résultats : son trafic y est encore insignifiant. Les préoccupations de la légation italienne ont donc été presque exclusivement d'ordre politique.

En affichant les allures d'une amie désintéressée, elle n'a pas tardé à prendre un rang très en vue et à compter parmi les facteurs du problème marocain. Cette influence est, en même temps, une conséquence de son action diplomatique dans la Méditerranée. Sans doute les Italiens ne sont pas sans nourrir secrètement quelques ambitions sur le Maroc, mais ils cherchent avant tout à empêcher l'extension de la France dans la Méditerranée. Toute la politique de l'Italie dérive de son désir ardent de dominer dans la Méditerranée pour préparer son expansion dans le Nord de l'Afrique. Pour atteindre son but, elle a d'abord commencé par mettre son influence au service de l'Angleterre, de manière à s'assurer son appui ailleurs. Nous verrons plus loin quelle évolution a subi cette forme de la politique italienne.

Mais, en mettant sa situation au Maroc à la disposition de l'Angleterre, l'Italie favorise, non pas seulement à notre détriment et à celui de l'Espagne, mais encore au sien propre, les vues et le jeu de cette puissance au sud du détroit : En effet, une Angleterre prépondérante dans la Méditerranée s'opposera toujours à l'expansion de l'Italie au delà de la Grande-Syrte, tandis que si la France, l'Italie et l'Espagne se trouvaient réunies dans le Nord de l'Afrique, elles seraient à nouveau maîtresses de cette mer qui fut le berceau de leur civilisation.

En nourissant habilement de chimériques espoirs dans l'esprit des Italiens, l'Angleterre poursuit sa politique traditionnelle, consacrée par le succès à travers lès siècles : diviser pour régner. Elle entretient, autant qu'elle peut, la désunion des races latines et elle a trouvé, pendant un moment, dans la maison de Savoie une associée complaisante à ses vues.

Les Italiens commencent à s'apercevoir de leur erreur. Nous en trouvons une preuve dans le récent accord franco-italien.

L'accord franco-italien et la question du Maroc.

La question des rapports politiques de la France et de l'Italie vient de donner lieu à une série de manifestations qui ont excité à juste titre l'attention de l'opinion.

M. Prinetti, ministre des affaires étrangères d'Italie, déclarait, le mois dernier, « que les relations amicales entre les deux pays sont devenues telles qu'elles rendent possibles, en toute occasion, un échange d'explications aussi franches que satisfaisantes au sujet de leurs intérêts respectifs dans la Méditerranée », et que ces explications le conduisaient à affirmer « une parfaite concordance de vues touchant ce qui, à cet égard, peut intéresser la situation respective des deux pays ».

Accentuant cette indication, M. Barrère, ambassadeur de France à Rome, affirmait que « l'ère des malentendus franco-italiens sur un terrain où leurs intérêts vitaux sont en jeu appartient désormais au passé ».

Il serait néanmoins imprudent d'exagérer l'importance de cette entente : l'accord franco-italien ne règle pas la politique européenne; il porte sur un objet spécial, c'est un accord méditerranéen.

Le gouvernement français confirme son désintéressement en ce qui touche la Tripolitaine et reçoit, en échange, celui de l'Italie en ce qui concerne le Maroc.

Si, à première vue, dit M. Etienne, cette répartition d'influence paraît sensée, on ne peut s'empêcher ensuite de remarquer que le contrat est dans une certaine mesure inégal.

Nous nous désintéressons de la Tripolitaine; mais, par cette renonciation formelle, nous abandonnons en fait quelque chose : voisine à la Tunisie, soumise pour partie à notre influence économique, la Tripolitaine dépend dans une assez large mesure de notre sphère d'action. La puissance européenne qui voudrait s'y installer aurait, en fait, à compter avec nous.

Nous la remettons à l'Italie; peut-elle en échange nous rendre quelque chose d'analogue au Maroc ?

Il est trop évident que non. Sa déclaration ne vaut ni comme renonciation à un titre, ni comme abandon d'un moyen d'action, mais simplement comme la reconnaissance d'une prétention que nous élevons, que les affaires du Maroc sont des affaires françaises et que l'empire chérifien est dans notre sphère d'influence.

Cette reconnaissance peut être le plus vain des protocoles ou le plus utile des actes diplomatiques.

Isolée, elle ne saurait avoir ni signification ni effet;

elle nous donnerait même le ridicule d'avoir choisi comme confidente de notre désir l'une des rares puissances étrangères à la question et d'avoir, avant toutes les autres, sollicité une bonne volonté qui, pour ou contre nous, ne se pouvait traduire que par l'indifférence.

Préface d'autres et prochaines négociations, occasion d'une déclaration formelle et publique de nos intentions, elle change de caractère. Ce n'est plus une simple manifestation; c'est le commencement d'un acte, de l'acte décisif.

Mais ce qui n'a pas été prononcé et qu'il est nécessaire de faire savoir, c'est que, fermement résolus à maintenir le *statu quo* marocain tant qu'il sera viable, et, quoi qu'il arrive, hostiles à toute idée d'annexion ou d'appropriation exclusive de nature à mettre en péril les intérêts économiques d'autrui, nous le sommes également à ne tolérer qu'aucune influence étrangère, violente ou déguisée, s'y produise sans notre concours ou notre assentiment.

C'est cette seule déclaration qui donnera à l'accord méditerranéen, qui vient d'être conclu entre la France et l'Italie, sa seule sanction efficace.

L'ALLEMAGNE

L'Allemagne est la seule des grandes puissances centrales qui n'ait en réalité aucun intérêt direct dans la Méditerranée, si ce n'est celui de la liberté de navigation. Néanmoins, tout ce qui touche à l'équilibre dans la Méditerranée la préoccupe au plus haut degré.

C'est que l'Allemagne veut devenir une grande puissance maritime et coloniale, parce qu'elle est déjà une grande puissance industrielle. Le Maroc, terre éminemment favorable à la colonisation européenne, a depuis longtemps excité les convoitises allemandes.

L'Allemagne, extérieurement, se défend de vouloir prendre pied au Maroc et, à première vue, elle paraît sincère, car elle ne vise pour le présent que l'exploitation économique du pays. Mais, à notre époque, commerce et politique sont intimement liés et il ne faut pas se dissimuler que le Maroc, en subissant les conditions commerciales que la diplomatie allemande cherche à lui imposer, prépare sa soumission politique, puisqu'il ne sera plus maître des richesses de son sol, c'est-à-dire des moyens de se défendre.

Si donc la suprématie allemande parvenait à s'établir au Maroc sous la forme commerciale, une sorte de protectorat suivrait probablement à brève échéance.

Les conséquences de ce protectorat seraient très graves pour notre colonie algérienne aussi bien que pour notre action dans la Méditerranée.

Le plus grave danger qui en résulterait serait la création de la station de charbon sur la côte marocaine dont la diplomatie allemande a déjà, en 1889, sollicité, sans succès, du Sultan la concession. Si l'Allemagne acquérait une station navale en terre marocaine, l'équilibre dans la Méditerranée serait rompu à notre détriment.

Tout dernièrement encore, la *Gazette de Woss* publiait à Berlin un article sur la nécessité qu'il y a, au point de vue des intérêts allemands, à faciliter l'occupation du Maroc par l'Espagne ou l'Angleterre plutôt que par la France.

Et cependant, après les événements de Fashoda, nombre d'hommes politiques s'étaient demandé si, dans quelques années, la France, désireuse de compléter l'Algérie, et l'Allemagne, dont « l'avenir est sur la mer », ne pourraient pas s'entendre pour satisfaire les ambitions de la puissance algérienne, en même temps que le désir des Allemands, qui grandit visiblement avec leurs forces, d'avoir dans les bons endroits des stations navales. Peut-être une telle combinaison pourrait-elle nous donner, à nous aussi, un accès sur le passage convoité.

Quoi qu'il en soit, un fait paraît hors de doute, c'est que le gouvernement allemand tient à établir sa domination sur quelques points du littoral marocain, dans l'espoir de pouvoir lutter avantageusement contre la France, dans le bassin occidental de la Méditerranée.

LE PORTUGAL

On ignore en général que les Portugais ont failli posséder l'empire du Maroc, que les grandes puissances convoitent aujourd'hui. Ils furent maîtres autrefois de tout le littoral marocain, de Ceuta à Agadir; la province d'Al Garb, la plus occidentale du Maroc, leur a été longtemps soumise, et c'est à raison de cette circonstance assez peu connue que le souverain porte aujourd'hui encore la titre de « roi de Portugal et des Algarbes ».

C'est à Mazaghan que le Portugal jeta les fondements de sa colonisation; c'est là aussi qu'il perdit sa domination par la faute du marquis de Pombal.

Le Portugal a maintenant complètement oublié qu'il a jadis possédé des villes florissantes, et, depuis la terrible bataille de Ksor, en l'an 1578, dans laquelle le légendaire roi Sébastien perdit la vie, le Portugal n'a jamais repris au Maroc une situation de quelque importance. Cette bataille y a du reste anéanti, du même coup, l'influence chrétienne.

Il existe des petits commerçants portugais en assez grand nombre, surtout dans les ports de l'Atlantique.

IX

LE MAROC ET LES INTÉRÊTS FRANÇAIS

LA QUESTION COMMERCIALE

Depuis quelques années l'attention s'est portée, chez la plupart des nations, sur les questions économiques, et les efforts tendent partout à obtenir un développement dans les transactions et à ouvrir des champs d'action à l'activité industrielle. A ce titre également, le Maroc occupe l'Europe. Il doit nous être d'autant moins indifférent que nous sommes dans les conditions les plus favorables pour tirer de ces régions le meilleur parti.

Et cependant, jusqu'à présent, au lieu d'être favorisés, nos importateurs ont trouvé dans la frontière terrestre du Maroc une barrière infranchissable. Croirait-on, fait observer un distingué économiste, M. Barjols, que la France, pays civilisé, puissance industrielle et commerciale, au lieu de déverser des produits sur ce pays plutôt barbare, lui en achète au contraire ? Les échanges annuels entre l'Algérie et le Maroc peuvent se chiffrer approximativement à 18 où 19 millions de francs. Or, sur ce chiffre, il n'y a pas un million d'échange à notre profit, et les Marocains nous vendent près de 18 millions de produits, céréales, bestiaux, etc.

Dans la région de Lalla-Marnia, le plus grand marché où se produit ce trafic, les Marocains, l'an dernier, ont vendu chez nous pour environ 10 millions; ils n'ont pas remporté pour 500.000 francs de nos marchandises.

Il faut attribuer cette situation absurde uniquement à notre système douanier.

Vis-à-vis du Maroc, et par la route de terre, nous n'avons imposé aucuns droits sur les bestiaux ou les céréales; les uns et les autres entrent donc sur le marché de Lalla-Marnia n'ayant à acquitter que de faibles taxes. Mais les Marocains ne peuvent acheter chez nos négociants ce dont ils ont besoin, vêtements, poudre, etc., car tous ces objets qui n'arrivent à Marnia que par voie de mer, sont chargés de lourds droits de douane et sont hors de prix.

Voudrait-on chercher le remède dans l'organisation de barrières douanières, qui fermeraient notre frontière aux caravanes marocaines ? Ce serait absurde.

Ce qu'il faudrait, c'est l'établissement d'une zone franche, en forme d'éventail, dont le sommet serait Lalla-Marnia et qui se développerait dans cette vaste plaine qui est la coulée naturelle des produits de l'Algérie vers Fez et l'intérieur du Maroc.

Tous les produits français devraient être amenés dans cette zone franche sans être frappés d'aucuns droits; dès lors, ils seraient mis en vente à des prix très modestes et pourraient avantageusement concurrencer avec les marchandises que l'on trouve en territoire marocain.

Relations commerciales de l'Algérie et du Maroc.

Les prohibitions qui avaient d'abord fermé l'Algérie aux produits du Maroc furent levées en 1853. La même année, on organisait sur la frontière un service de douanes. La loi de 1867 exempta de tous droits l'importation par les voies de terre des produits, naturels ou fabriqués, originaires du Maroc et du Sud de l'Algérie.

La loi des finances du 16 avril 1895 a admis, en principe, l'exonération de tous droits pour les marchandises arrivant dans les ports d'Algérie à destination des contrées situées en dehors du territoire soumis au régime des douanes et de l'octroi de mer. Ces mesures ont une portée politique encore plus que commerciale. La pacification de nos frontières sahariennes, notre influence sur les tribus nomades y ont certainement gagné; mais il est douteux que nos transactions avec le Sud prennent jamais une bien grande extension.

Quant à nos relations par voie de terre avec le Maroc, elles resteront aussi très limitées tant que les voies ferrées du Tell et du Sud ne se prolongeront pas au delà de la frontière.

Parmi les pays étrangers en relations avec l'Algérie, le Maroc tient le troisième rang, avec un mouvement de 18 à 19 millions, qui se fait surtout par mer. Les exportations du Maroc sont insignifiantes, mais il importe une assez grande quantité de céréales, bestiaux, peaux, etc.

LA FRONTIÈRE FRANCO-MAROCAINE

L'absence de frontières naturelles entre l'Algérie et le Maroc, les difficultés quotidiennes inhérentes à un enchevêtrement de populations relevant ou prétendant relever d'autorités différentes, mettent la France dans l'impossibilité d'exercer sans chances de complications, sur la limite fictive qui tient actuellement lieu de frontière, la moindre police en temps normal et les moindres représailles en temps de troubles.

Cependant la nature a séparé nettement le Maroc de l'Algérie par des frontières évidentes : la Moulouya, au nord de l'Atlas, l'oued Zis au sud. Or, la frontière ne coïncide pas avec ces obstacles naturels.

En 1844, après la bataille d'Isly, il était devenu nécessaire de nous fixer sur notre frontière de l'ouest et sur les conditions de nos relations avec le Maroc.

Malheureusement pour nous, la finesse du délégué du Sultan se joua du défaut de connaissances des régions sahariennes du plénipotentiaire français. Il abandonna la frontière traditionnelle de la Moulouya pour un tracé bizarre qui coupe en deux les tribus. Dans le Sud, il laissa au Maroc Ich et Figuig, c'est-à-dire la tête de la route du Touat par l'oued Guir.

Gehrard Rohlfs, le célèbre voyageur allemand a pu écrire dans la *Gazette de Cologne* : « On ne sait pas de quoi il y a lieu de s'étonner le plus, ou de la naïve ignorance du diplomate français ou de l'impudente connaissance de la question du diplomate marocain. »

Le traité de 1845 établit, sans détails suffisants, une limite partant de la baie d'Adjeroud, à 15 kilomètres à l'ouest de l'embouchure de la Moulouya, et allant rejoindre le col de Teniet es Sassi, à environ 60 kilomètres au sud-ouest de Sebdou.

L'article 4 du traité porte qu' « au delà de Teniet es Sassi il est inutile d'établir une limite, puisque la terre ne se laboure pas ». L'article 5 : « Les ksours qui appartiennent au Maroc sont ceux d'Ich et de Figuig; ceux qui appartiennent à l'Algérie sont ceux d'Aïn-Sefra. » « Quant au pays au sud des ksours des deux gouvernements, dit l'article 6, comme il n'y a pas d'eau, qu'il est inhabitable, et que c'est le désert proprement dit, la délimitation en serait superflue. »

Le traité mentionne, en outre, que les tribus des deux Etats ont droit de libre parcours dans le Sud, et que le souverain d'un Etat, ayant à réprimer dans cette région les désordres de tels ou tels de ses sujets, peut les poursuivre et les châtier à sa guise, mais sans exercer la moindre action sur les tribus de l'autre Etat.

L'usage, suppléant aux défauts de la rédaction de ce traité, a désigné comme frontière une ligne qui, partant de Teniet es Sassi, coupe le chott er gharbi, puis, décrivant un arc de cercle autour des deux ksours d'Ich et de Figuig, va rejoindre l'oued Zousfana.

Depuis vingt ans les autorités algériennes ne cessent de réclamer, dans l'intérêt de la colonie, la revision à notre avantage du malencontreux traité de 1845. Cette revision n'a rien que de très légitime. La frontière actuelle est du reste en contradiction avec la tradition historique. Le tracé de la frontière est fantaisiste : il ne s'appuie sur aucun accident ou ligne naturelle. La partie du Maroc qui s'étend de cette frontière à la Moulouya appartient à deux mêmes systèmes orographiques et hydrographiques : le massif des Trara et celui des monts de Tlemcen.

Enfin, la façon dont le traité de 1845 a scindé les tribus démontre que nous sommes tombés dans un piège.

En résumé, il ressort de tout ce qui précède que la France a été trompée quant à ses droits sur le pays des tribus du Sud; que la frontière actuelle est fausse au point de vue historique; qu'elle n'a aucune valeur topographique; qu'elle est une erreur au point de vue ethnologique; enfin, qu'au point de vue de la sécurité et de l'avenir de notre colonie, l'occupation d'une limite aussi incertaine a été une lourde faute.

La question à la Chambre.

La question de la revision de la frontière franco-marocaine a été portée à la Chambre, et, dans un important discours, M. Etienne n'hésitait pas à dire :

« L'Angleterre s'est émue de nos actes dans le Sud oranais. Elle a été émue de constater que nous allions prendre possession de territoires qui nous appartiennent.

Elle a agi avec la dernière énergie auprès de la cour chérifienne, qui a fait entendre à notre gouvernement qu'il n'avait pas le droit d'occuper les oasis sahariennes et qu'il entamait le territoire marocain. Heureusement, le gouvernement ne s'est pas arrêté à ces protestations et il a occupé les oasis sahariennes. Mais, pour prouver à l'Europe combien sa politique est pacifique, la France a signé avec le Maroc un protocole qui assure à ce dernier juridiction sur des tribus sur lesquelles le Maroc n'avait jamais pu établir son autorité. Nous lui reconnaissons des droits de souveraineté sur toutes les tribus du Bled-Siba, c'est-à-dire sur des régions jusqu'ici indépendantes.

» Nous avons déclaré au Sultan : « Nous ne voulons » pas entamer vos frontières; nous allons au contraire » augmenter votre autorité puisque nous allons la re» connaître là où vous n'avez pas encore pu l'établir, et » cette reconnaissance va vous donner, sur ces popula» tions mêmes, une autorité exceptionnelle. »

» Pendant ce temps, on travaille le Sultan, et quand nous essayons non pas d'établir une frontière, mais de fixer des zones où les tribus marocaines pourront résider en face des nôtres, que se passe-t-il? Des tribus marocaines pillardes viennent, chaque jour, attaquer nos postes, et, tout dernièrement encore, deux officiers étaient assassinés à 7 ou 8 kilomètres de Duveyrier. Ils ont été assassinés par une bande marocaine venue du Figuig, la même qui avait assassiné récemment deux enfants et un charretier. Si le gouvernement veut châtier les auteurs de pareils attentats, il faudra qu'il prenne des mesures pour que Figuig ne soit plus un repaire de bandits.

» Je ne dis pas qu'il faille rayer Figuig du traité de 1845, mais il faut nous en rapprocher d'assez près pour qu'il soit impossible aux assassins et aux pillards d'échapper à nos justes et légitimes représailles.

» La dignité de la France ne peut pas supporter des attentats pareils. Figuig est un repaire de pirates. Il faut en finir avec ce nid de brigands. Si le Maroc ne peut en assurer la police, la France ne devra pas hésiter à se substituer à lui. Il y va de sa dignité et de sa sécurité. »

LA RECTIFICATION ACTUELLE

D'après tout ce qui précède, il est facile de comprendre que, sous peine de perpétuer un état de choses intolérable, il nous faudra tôt ou tard exiger la cession de la portion du territoire marocain où n'ont cessé de se recruter et de se ravitailler toutes les bandes d'agitateurs qui ont violé le territoire algérien. L'oasis de Figuig, placée comme un camp retranché en dehors de notre frontière est leur principal repaire ; et, tant que nous n'aurons pas le droit de l'occuper et d'en soumettre les habitants à notre juridiction, le Figuig restera le foyer permanent des menées ourdies contre notre sécurité.

La rectification de notre frontière, si longtemps réclamée, vient enfin d'être reconnue indispensable. Le Maroc s'y est soumis et c'est l'objet des récentes missions.

Les pourparlers engagés ont abouti à des résultats favorables. Le ministre des affaires étrangères, assisté du ministre de France au Maroc, et utilisant le concours du gouverneur général de l'Algérie, directement intéressé, a réussi à établir avec le Maroc une entente amicale, propre à hâter la pacification complète des régions avoisinant nos possessions de l'Extrême-Sud.

M. Delcassé, interrogé à la Chambre, n'hésitait pas à répondre :

« Quant au Maroc, je dirai que l'ambassade marocaine, qui est venue à Paris au mois de juin dernier, après le règlement des incidents du mois de mai, et qui, de Paris, s'est rendue à Saint-Pétersbourg, a eu des résultats dont l'un et l'autre pays auront lieu d'être satisfaits. Les envoyés marocains ont pu voir, et ils auront dit au Sultan ce qu'est la France et quels sentiments amicaux on y nourrit pour lui et son empire. Sur leur prière, nous avons précisé la portée et réglé les conditions d'application du traité de 1845; et, par une juste répartition des tribus, qui réserve la faculté des populations de choisir la puissance protectrice, nous avons écarté la principale source de difficultés avec un pays que nul plus que nous, à cause de la communauté des frontières, n'a intérêt à savoir tranquille et prospère, que nul n'a autant de raisons que nous de vouloir indépendant. »

La rectification de la frontière fait, en ce moment même, l'objet des travaux d'une commission franco-marocaine. Cette mission est composée de sept membres; son chef est Si Mohamed el Guebbas.

Les envoyés chérifiens se sont d'abord rendus à Alger le 10 décembre 1901 pour se joindre à la délégation française. Ils devaient arriver il y a plus d'un mois; mais, sur une indication de notre ministre à Tanger, le Sultan avait fait ajourner leur voyage jusqu'au retour de M. Revoil de sa tournée dans le Sud.

Ce voyage du gouverneur de l'Algérie a été suivi à Tanger avec le plus vif intérêt. L'accueil que lui ont fait les chefs des tribus nomades qui, l'année dernière encore, avaient attaqué le poste de Timmimoun, ainsi que les paroles si fermes qu'il leur a adressées, ont produit dans les hautes sphères marocaines une très forte impression. L'effet salutaire de ce voyage a été pour ainsi dire complété par l'acte de vigueur que le contre-amiral Caillard, qui commandait au mois de juin dernier les forces navales détachées dans les eaux marocaines pour obtenir le règlement de l'affaire Pouzet, vient d'accomplir à Mytilène. Comme dans tous les pays musulmans, l'incident franco-turc a eu au Maroc un retentissement d'autant plus considérable que la puissance militaire de la Porte acquiert dans l'imagination hyperbolique des Marocains les proportions les plus fantastiques.

La commission franco-marocaine chargée de procéder à la délimitation des frontières entre l'Algérie et le Maroc est composée de seize membres.

Le général Cauchemez a été désigné comme chef de la mission française; il est assisté de MM. Roussin, consul de France, représentant le département des affaires étrangères; Doutté, représentant le gouvernement général; le capitaine Prodhomme, représentant le ministre de la guerre; le lieutenant d'Espinay Saint-Luc, officier d'ordonnance du gouverneur général; les capitaines du Jonchay, Jucloux, de Susbielle et Suirante.

La mission marocaine, de sept membres, est présidée par Si Mohammed el Guebbas, qui a fait partie, en qualité de premier secrétaire, de l'ambassade marocaine envoyée au mois de juin dernier à Paris.

La commission franco-marocaine, est, en ce moment même, au Figuig, en train d'exécuter ses travaux. Il nous est donc impossible de donner aucun autre renseignement.

Cette solution s'imposait non seulement pour la sécurité de notre grande colonie, mais encore pour notre expansion vers le Soudan.

On a toujours invoqué contre cette rectification de frontière les difficultés diplomatiques qui pourraient résulter de son exécution. Il ne semble pas que les nations européennes aient des raisons de s'émouvoir; l'Espagne seule aurait pu avoir quelques raisons.

D'ailleurs, au-dessus de toutes ces raisons, il en plane une, majeure, qui, à elle seule, devrait suffire pour justifier aux yeux de tous le bien fondé de cette rectification : la sécurité et l'avenir de notre grande colonie. Il y a là, avant tout, une question d'ordre et de sécurité intérieurs qui ne regarde absolument que nous.

LA QUESTION DU TOUAT

Introduction.

Les marches méridionales de l'Algérie sont nettement divisées, en orientales ou occidentales, par la ligne de hauteurs qui, du nord au sud, joint les plateaux algériens aux montagnes Touareg des Hoggar, et sépare les deux énormes bassins inverses du Rirh et du Touat; double cuvette aux nombreux oueds aboutissant d'une dépression différente irriguée en sens contraire : l'orientale ayant ses grands cours d'eau venant du sud, et le fond de sa cuvette au nord; l'occidentale, le fond de sa dépression au sud.

Toutes les deux reçoivent un volume d'eau considérable, qui, s'accumulant dans les deux fonds, permet de vivre à quelques millions de palmiers et donne une certaine importance commerciale, agricole et surtout politique aux deux groupes d'oasis très peuplées qui s'y trouvent.

Ces deux pays du Rirh et du Touat sont les deux marches, les deux portes qui permettent à l'Algérie d'atteindre le commerce du Soudan, soit à l'Orient, par Ghadamès, soit à l'Occident, par Tombouctou.

Tous deux ont vu notre activité vis-à-vis d'eux différenciée par cette condition géographique qui rapprochait de nous les oasis de la dépression de l'est. Aussi notre drapeau flotte-t-il depuis longtemps dans l'oued Rirh, où les exploitations commerciales sont depuis quelque temps rémunératrices, tandis que, dans l'autre bassin, le Maroc nous ferme chaque jour davantage l'accès des oasis un peu plus éloignées, connues sous le nom générique de *Touat*, que tous les efforts de l'opinion française sont impuissants à obtenir.

Mais la même raison donne aujourd'hui à la question du Touat une importance dominante et urgente, parce qu'elle se trouve à son tour la plus rapprochée de notre action en attendant que nous puissions porter à nouveau nos efforts dans la dépression orientale où les marchés de Ghadamès et de Ghat, véritables ports de la Tunisie sur la route du Soudan et du Tchad, nous semblent presque fermés, depuis les conventions amicales avec l'Italie. Nous n'abdiquons pas, à la vérité, nos droits sur l'hinterland de la Tripolitaine, mais notre action sera forcément diminuée.

Un simple coup d'œil sur la carte fait, d'ailleurs, ressortir l'importance exceptionnelle du Touat. Situé à peu près à mi-distance entre Alger et la boucle du Niger, au centre de l'étoile de routes formée par le croisement des caravanes allant du Maroc à Tripoli, avec celles qui vont du Maroc, de l'Algérie et de Tripoli au Soudan et au Sénégal, l'occupation de ce pays permet d'empêcher le Maroc et la Tripolitaine de joindre leurs frontières au sud de l'Algérie et de couper nos communications vers le Soudan. De plus, il ressort de sa situation géographique même que celui qui domine au Touat doit évidemment dominer le Sahara. La possession de cette région nous est donc indispensable aussi bien au point de vue stratégique que dans l'intérêt de notre pénétration future au Sahara.

La France ne peut supporter plus longtemps l'espèce d'interdiction dont les Touatiens l'ont frappée et qui, en empêchant toute communication commerciale ou autre entre elle et la population de l'Extrême-Sud, recule le moment où elle sera libre d'exercer les droits que lui a concédés la convention anglo-française du 5 août 1890.

En outre, la possession du Touat nous est nécessaire pour assurer la sécurité de l'Algérie, le Sahara étant indissolublement lié au Tell.

Il est donc absolument légitime, de la part de la France, d'intervenir dans les affaires du Touat et d'établir son autorité dans cet Hinterland de sa colonie.

Le Touat.

La dénomination des groupes constituant les oasis du Touat est tout à fait arbitraire et indécise; les étrangers et les Touaregs, en particulier, donnent le nom de Touat à tous les groupes de la région depuis le Tidikelt au sud jusqu'au Gourara au nord.

Les indigènes, au contraire, donnent le nom de Touat au pays compris entre les dernières pentes du plateau supérieur, dit du Gourara, qui forment, au delà, la berge orientale de la vallée de l'oued Messaoud, y compris les vallées intermédiaires qui viennent s'y jeter vers l'est.

Le Touat proprement dit commence à hauteur du district de Bouda, au point où l'oued Messaoud fait un coude, un peu au-dessous du district de Timni, jusqu'au district de Regga, où la vallée, fortement empâtée par les sables, ne présente plus qu'une succession de cuvettes plus ou moins étendues.

La largeur moyenne de la vallée peut être d'environ 60 kilomètres; sa longueur, d'environ 200 kilomètres, ce qui donne une superficie moyenne de 1.200 kilomètres.

Les oasis du Touat sont divisées naturellement en

quatre grandes agglomérations : le Gourara et l'Aouguerout au nord, le Touat proprement dit au sud; le Tidikelt au sud-est.

Le Gourara

Le territoire connu sous le nom de Gourara est habité par des Berbères autochtones.

Le plateau qui forme le pays du Gourara s'étend sur une superficie d'environ 500 kilomètres carrés. Il est limité : à l'ouest et au nord, par le massif presque impraticable de l'Erg occidental; à l'est, par les falaises qui constituent l'étage inférieur du Tadmit et forment la ligne de partage des eaux entre le bassin de la Méditerranée et celui de l'Atlantique; au sud, par l'oued Messaoud, qui lui sert de gouttière et reçoit toutes les eaux souterraines du Sahara français.

Le plateau du Gourara est aride et nu, couvert en partie par des dunes de sable. Sa pente est légèrement est-ouest : il est coupé, dans ce sens, de vallées plus ou moins vastes et plus ou moins profondes dans lesquelles se trouve une végétation arborescente vigoureuse et où l'eau est très près du sol. C'est dans ces bas-fonds ou dans les vallées que se trouvent généralement les plantations de palmiers et les ksours du pays.

L'Aouguerout.

Le district de l'Aouguerout est situé à l'extrémité de la grande vallée de l'oued Meguiden, au pied et à quelques kilomètres de la falaise qui termine brusquement l'assise inférieure du Tadmit. Les ksours de ce pays sont habités par des Arabes des tribus de Khenafssa et des Ouled Sidi Cheïckh.

La population surabondante du Gourara et du Touat

et peut-être aussi la pauvreté du pays amènent une grande partie de la population mâle adulte à émigrer. On rencontre dans toutes nos villes du Tell algérien une assez grande quantité de ces émigrants que l'on désigne sous le nom de Gourariens.

District du Tin-Erkouk. — Le district du Tin-Erkouk est situé à la pointe Sud de l'Erg occidental, dans les dunes sablonneuses qui en forment la ceinture de ce côté.

L'une des formations géologiques les plus remarquables du Sahara est sans contredit l'Erg, immense amas de sable, véritable chaos tout à fait inextricable. Dans l'intérieur de cette énorme masse de sable, qui paraît impraticable à l'homme et aux animaux, existent de larges et longues vallées dans lesquelles les caravanes trouvent passage.

District de Timimoun. — Le dictrict de Timimoun, que de sanglants combats ont mis en évidence, est situé sur la rive méridionale de la sebkha du Gourara, vaste bas-fond salin. On y recueille du sel blanc d'excellente qualité. Pendant l'hiver, le sol de la sebkha devient humide et boueux et, quelquefois, lorsque les pluies ont été considérables, elle se couvre de quelques centimètres d'eau; mais, pendant l'été, le sol en est dur et sec.

Le district de Timimoun est l'un des plus populeux et des plus importants du Gourara. La ville de Timimoun peut être considérée comme la capitale du pays; elle est le centre d'un commerce très actif et très important et le marché le plus considérable de tout le Gourara.

La ville est bâtie sur un terrain sablonneux avec bas-fonds humides, auprès de légers escarpements forment la berge de la sebkha. La ville a cinq portes et est entourée d'un mur d'enceinte crénelé, flanqué de tours carrées; elle est divisée en six quartiers principaux dans l'un desquels se trouve une forte casbah. Tous les ksours de ce district sont d'ailleurs entourés de murs crénelés et flanqués de tours.

Le Tidikelt.

Le Tidikelt est situé à l'est du Reggan, au pied de la falaise inférieure du Tadmit. Ses frontières (?) sont peu précises; on le limite, en général, à l'ouest par la vallée de l'oued Messaoud et au sud par celle de l'oued Djaret.

Une nappe d'eau abondante alimente un nombre considérable de puits ainsi que de feggaguir.

Le Tidikelt, au point de vue commercial, est le centre d'un transit assez important. Il est l'entrepôt des marchandises allant et venant au Soudan et à Tombouctou. Il est aussi le seul marché possible des Touaregs Hoggar, qui y possèdent des palmiers et des magasins de dépôt. Tous les villages sont entourés d'un mur en terre crénelé et flanqué de tours aux angles.

Le Tidikelt compte une population de 25.000 âmes et peut mettre en ligne 4.000 fusils et 500 cavaliers.

Le district d'In-Salah se trouve à 380 kilomètres d'El-Goléah et à 630 kilomètres d'Ouargla. Il est le centre d'un commerce de transit important; il est l'entrepôt et l'étape obligée des marchandises venant du Nord et du Sud. C'est, en outre, le marché le plus fréquenté des Touaregs Hoggar.

Organisation intérieure.

L'origine des populations du Gourara, Touat et Tidikelt est fort obscure; ce qu'il y a de certain, c'est que la population actuelle n'a pas la même origine. Ces régions ont été occupées d'abord par la race berbère autochtone probablement. C'est de l'invasion arabe que date le commencement du dépérissement de ces pays.

Au Tidikelt, on parle arabe; mais beaucoup d'habitants parlent le touareg. Avec les Arabes ou à leur suite sont venus les Chorfa et les Marabouts; ils abondent au Touat; les premiers sont tous originaires du Maroc.

L'administration intérieure des ksours, les coutumes sont les mêmes à peu près dans toutes les oasis.

La population est divisée en deux castes très distinctes : les chorfa, nobles, c'est-à-dire blancs, et les harratin, ou gens de couleur.

Le Touat, le Gourara et le Tidikelt sont divisés, au point de vue politique, en deux grands soffs : les Ihamed et les Soffian. Au premier appartiennent presque tous les Arabes, sédentaires et nomades; ce serait le parti le moins hostile à notre cause. Dans le second, on range les Chorfa, les Zenata et tous les marabouts d'origine diverse ou d'origine marocaine. Ce parti nous est absolument hostile.

Les ordres religieux.

Les pays du Touat, du Gourara et du Tidikelt sont la terre promise des marabouts et des chorfa; tous les ordres religieux ou presque tous y sont largement représentés, tous y possèdent des Zaouïa riches et fréquentées.

Il ne faut pas confondre les ordres religieux avec les confréries religieuses, ces dernières associations n'étant qu'éphémères et n'ayant pour but, généralement, que l'exploitation de la bêtise humaine.

Quant aux ordres religieux, leur organisation est simple, mais très sérieusement constituée : les membres de l'ordre comprennent les Khouan, les Mokkadem et les Chioukh. Par Khouan, on désigne la masse des initiés; par Mokkadem, le représentant direct du Cheikh, qui est, lui, le grand maître de l'ordre.

Les ordres religieux jouent un grand rôle politique, car l'idée religieuse est presque toujours le prétexte aux révoltes. Depuis quelques années, les congrégations religieuses étendent partout leur influence et cherchent à discipliner le monde musulman en l'entraînant hors de la voie tracée par le prophète Mohammed; aussi sont-elles une menace permanente.

Le mouvement commercial.

Les conditions dans lesquelles s'est accomplie la décadence commerciale des Ksours de l'Extrême-Sud sont d'ordre politique et social : en premier lieu, l'anarchie permanente d'une partie de la contrée, la substitution des nomades Chambaa aux Berbères du Sud comme convoyeurs et, plus récemment, la conquête française; enfin, la suppression de la traite et de la contrebande de guerre qui en ont été la conséquence.

Cet ensemble de faits a déterminé la création des nouveaux centres de Rédamès et de Rhat et a donné une grande importance commerciale à In-Salah. Ces nouveaux entrepôts détournent vers l'Est et le Nord-Ouest tous les produits du Soudan destinés à l'exportation en Europe ou dans le Nord de l'Afrique. Il a eu, en outre, pour conséquence, l'interdiction des routes du Sud à nos nomades, en raison des inimitiés qu'ils se sont attirées, et l'éloignement des caravanes étrangères, en haine de notre domination.

Tout le commerce suit actuellement les routes des caravanes aboutissant à Ben-Razi et Tripoli à l'est, et celles de Taodenni par Tendouf vers Mogador, de Tin-Bouctou vers In-Salah, le Touat, le Tidikelt, vers Fez et les villes littorales du Maroc. Comme on peut le voir sur la carte des routes suivies actuellement par les caravanes, toutes celles aboutissant en Algérie ont été abandonnées depuis longtemps.

Le rétablissement des relations commerciales est toujours possible en créant des comptoirs qui approvisionneraient un marché franc à créer à Ghardaïa ou à El-Goléah. Les produits similaires venant du Nord du Maroc ne pourraient dès lors plus lutter avec nos produits.

Le mouvement d'expansion coloniale a pris chez toutes les nations un développement considérable. Nous n'avons pas échappé à cette loi générale. Notre récente action dans l'Extrême-Sud a réservé tous nos droits. Il était temps, car, du jour au lendemain, une nation voisine pouvait nous enserrer dans notre conquête algérienne en mettant la main sur le principal débouché du Sud, le seul qui reste encore libre. L'occupation d'In-Salah a fait tomber sous notre domination le Touat, le Gourara, nous ouvrant toutes les routes vers le Sud, car ces routes devaient nous appartenir à l'exclusion de toute autre puissance.

LES PRÉTENTIONS DU MAROC SUR LE TOUAT

Le Maroc a essayé à plusieurs reprises d'installer sa domination sur ces régions. Il ne réussit jamais à faire reconnaître sa suzeraineté par le Touat.

Les Beni-Merine, fraction des Zenata, qui, chassés de l'Est, s'étaient réfugiés au Nord du Gourara, étant devenus maîtres du Maroc, voulurent étendre leurs frontières au delà du Tafilalet.

Les Ksours de l'oued Saoura défendirent toujours avec énergie leur autonomie contre les empiètements marocains. Aussi quand, en 1540, eut lieu la première occupation de l'oued Saoura par une armée du Sultan, les Ksouriens profitèrent de ce qu'il dût guerroyer au nord de l'Atlas pour secouer le joug. Et il ne fut plus question de la suzeraineté du Maroc sur l'oued Saoura jusqu'en 1808, époque où le sultan Mouley-Soliman réussit à y faire percevoir un léger tribut.

Cette expédition clôt la liste des entreprises marocaines dans la région du Touat. Jusqu'au traité de 1845 avec la France, les sultans se désintéressèrent d'une région sur laquelle les prétentions intermittentes de leurs prédécesseurs n'avaient jamais pu prévaloir.

La situation depuis 1870.

Depuis 1870, une situation nouvelle s'est créée de toutes pièces. Encouragé par notre inaction et sollicité de divers côtés, le gouvernement chérifien passa de l'abstention à l'offensive. Il entreprit une campagne politique des plus actives et ne cessa de répondre à notre inertie par des empiètements successifs, toujours plus agressifs.

Tout d'abord, aucun lien de vassalité, en dehors d'une certaine influence religieuse, ne rattache au Maroc ces régions avec lesquelles nos nomades du Sud ont de fréquentes relations et qui, dès 1857, réclamèrent l'annexion à la France.

En 1875, l'arrivée du général de Galliffet à El Goléa suffit pour provoquer des offres de soumission dans toutes les oasis.

En 1880, le colonel Flatters avait pu remplir sans encombre sa première mission; mais, dès la fin de l'année, un certain revirement se manifestait dans les tendances des habitants du Touat et, en 1881, le massacre de la seconde mission Flatters vint brusquement modifier la situation. Compromis, les chefs d'In-Salah invoquèrent la protection du sultan du Maroc et, à leur instigation, il se forma dans quelques districts un parti marocain.

L'annexion du M'Zab fit naître plus tard quelques intrigues et, dès 1883, une active correspondance s'établit entre Badjouda et la cour de Fez.

Au mois de mai 1884, le chef du poste d'Ouargla, nouvellement créé, rendit compte qu'El Hadj Abd el Kader, l'un des chefs d'In Salah, affectait de se déclarer sujet du sultan et qu'au Touat, les indigènes affirmaient la suzeraineté du Maroc.

En un mot, dès 1884, les menées du Maroc dans la région du Touat avaient été dûment constatées.

A ce moment, le Maroc fait le premier pas qui inaugure une politique sud-algérienne orientée contre nous. Pour mieux diriger ses agissements hostiles, il installe à Figuig un caïd qui prend la direction du mouvement.

Dès avril 1886, le commandant supérieur du M'Zab signalait les fréquentes correspondances échangées entre les Ksours de l'oued Saoura et Fez, la tendance des Touatiya à soumettre leurs affaires au Sultan.

L'empereur du Maroc, ajoutait le général commandant la subdivision de Médéah, profite de l'inquiétude dans laquelle vivent les indigènes pour les ramener sous son autorité.

Bou-Amana, Ouled sidi Cheick dissident et réfugié au Maroc, avait pris la direction du mouvement. Sur ces instances, le Sultan reçut une délégation qui vint à Mékinez, en 1887, lui offrir la soumission du pays.

Le Maroc se décide alors à faire un second pas en avant: Il tente une prise de possession effective des oasis par l'envoi d'une mission chargée de les parcourir. Ces émissaires échouèrent dans leur tâche. Une grande partie de la population craignait que la suzeraineté marocaine ne se traduisît par une oppression onéreuse et anarchique.

Cette ingérence marocaine au Touat fut suivie d'une accalmie pendant laquelle Bou-Amana ne restait pas inactif. Sur les conseils de l'agitateur, une nouvelle députation fut envoyée au Sultan pour lui demander d'intervenir d'une façon effective et de prendre le Touat sous sa protection.

Pour répondre à cette demande d'intervention effective. Mouley el Hassan se borna tout d'abord à prescrire le renforcement de la garnison de Figuig par un petit détachement qui partit d'Oudja en mars 1891. Mais les intrigues étrangères prirent alors à la cour chérifienne un caractère plus accentué. Elles eurent pour conséquence, malgré les représentations diplomatiques adressées au Sultan, des incidents d'une gravité inattendue.

En mai 1891, deux troupes de cavaliers, partis de Figuig et du Tafilalet, pénétrèrent dans le Touat et le Gourara et visitèrent Timni et l'Aouguerout. En même temps, 50 cavaliers de l'ancienne garde noire arrivés à Timimoun, s'installèrent dans la Kasbah.

Les Marocains poussèrent l'audace jusqu'à faire dire publiquement au commandant du poste d'El Goléah « qu'ils viendraient le chasser du Ksar ».

La France ne répondit à ces agissements que par de nouvelles représentations diplomatiques, qui provoquèrent de la part du Sultan de nouvelles dénégations sommaires.

Le Maroc se décida alors à une troisième intervention, mais cette fois a une intervention officielle.

Fait sans précédent, le Sultan émit des prétentions sur la région et s'appuya, pour justifier ses empiètements, sur certaines cartes allemandes, où le Touat était figuré comme faisant partie de l'empire.

Pour couper court à toute incertitude et poser nettement la question à notre diplomatie, le Maroc accentua sa politique d'agression à notre égard. Il s'adresse au chargé d'affaires de France à Tanger et non seulement il renouvelle ses prétentions récemment émises, mais il pousse l'outrecuidance jusqu'à « demander qu'on lui fasse connaître les griefs que la France peut avoir contre les habitants du Touat, s'engageant à faire à l'avenir la police de l'oasis ».

La cour de Fez poussa l'audace jusqu'à envoyer un de ses émissaires sommer, au nom de l'empereur, l'officier qui dirigeait, en 1892, la construction du bordj d'Hassi Inifel d'avoir à interrompre les travaux.

En 1893, les habitants de Tombouctou tentèrent près du Sultan une démarche qui montre bien jusqu'où s'étendent les intrigues marocaines contre l'expansion française au sud de l'Algérie. Une députation des musulmans de Tombouctou gagna le Tafilet où elle espérait rencontrer le souverain. Elle vint jusqu'à Maroc implorer l'appui de l'empereur contre les agissements de la France.

L'avènement d'Abd el Aziz amena un semblant d'accalmie dans les tentatives d'empiètement du Maroc. A la fin de 1895, les troupes marocaines poussèrent jusqu'à Timimoun, l'oasis la plus proche du fort Mac-Mahon.

Le commencement de 1897 vit s'accentuer la politique saharienne du Maroc. Il ne manquait à l'occupation du Touat par le Maroc, que la nomination d'un représentant du Sultan. Le Sultan y envoya le premier caïd nommé à Figuig.

Pour masquer ces efforts, la cour de Fez envoya à Paris une ambassade extraordinaire dont le chef ne jouissait pas de toutes ses facultés. Il semble que le Maroc ait voulu, par le choix du personnage qui dirigeait la mission, nous faire comprendre qu'il n'était pas disposé à engager avec la France des pourparlers sérieux.

Ainsi le Maroc avait trouvé moyen de revendiquer le Touat d'y réclamer le droit d'exercer sa souveraineté et de faire acte de souverain sur cette terre déclarée française par notre gouvernement.

Il nous reste à voir ce que faisait la France.

Les relations de la France et du Maroc.

Le traité de 1845 est toujours en vigueur, mais le Sultan s'est constamment refusé à faire cesser l'indécision qui règne dans sa rédaction; qui plus est, il affecte de prétendre à la suzeraineté sur ces régions.

Comme preuve à l'appui des droits qu'il revendique, il allègue que, jusque dans ces derniers temps, le gouvernement français ne lui a jamais contesté ses droits; que, tout au contraire, ce gouvernement a fait appel à son intervention dans les oasis.

Il a fallu du temps avant que nous ayons acquis une parfaite connaissance du caractère tout particulier des rapports existant entre les habitants du Touat et l'empereur du Maroc. Croyant aider dans leur mission les explorateurs qui cherchaient à pénétrer au Touat, nos agents diplomatiques ont pensé bien faire en sollicitant du Sultan des lettres de recommandation pour les djemaa des oasis des Areg.

Depuis lors, une partie de la population du Touat, se voyant plus directement menacée par les progrès de la France dans le Sud, s'est rapprochée du Maroc et a paru vouloir resserrer les liens, autrefois plus religieux que politiques, qui la rattachaient au chérif de Fez.

Quant à l'erreur que nous avons commise jadis en lui attribuant sur cette population une autorité qu'il n'a jamais exercée, elle ne saurait lui constituer un argument probant, qu'il puisse invoquer.

Aucune clause du traité de 1845 ne fait, en effet, allusion au droit de suzeraineté du Sultan sur le Touat. Les négociateurs marocains n'ont pas demandé qu'on en fît mention, tandis qu'ils ont tenu à ce que les droits de leur maître sur les oasis de Figuig et d'Ich fussent bien constatés; et, cependant, ce dernier était alors dans l'impuissance absolue d'obtenir des habitants de cette oasis la moindre preuve d'obéissance.

Non seulement il n'a été fait aucune réserve, mais il semble même que, au moment des négociations, on ignorait qu'il existât dans la région des Areg, des centres nombreux habités par une population sédentaire.

L'article VI du traité, en effet, est ainsi conçu :

« Au delà des deux oasis d'Ich et de Figuig, comme il n'y a pas d'eau, que le pays est inhabitable et que c'est le désert, toute délimitation est superflue. »

On serait volontiers porté à croire que ce n'est que le jour où la France a accentué ses progrès dans le Sud, quand surtout ses agents ont commis la faute d'attribuer au Sultan une autorité politique à laquelle il n'avait jusqu'alors jamais prétendu, que le gouvernement marocain s'est avisé du rôle qu'il pouvait jouer et a songé à revendiquer la suzeraineté du Touat.

Chaque fois que le gouvernement français a fait des démarches auprès de l'empereur dans le but d'obtenir la revision du traité de 1845 et une délimitation plus précise des frontières, il a toujours été admis que l'oued Zousfana, de Figuig à Igli, devait former la ligne frontière.

Ce n'était là évidemment qu'une simple indication de nature à faire pressentir les idées dont s'inspire le gouvernement, mais les conseillers du Sultan l'ont certainement retenue comme une preuve que la France ne se reconnaissait le droit de pénétrer dans l'Ouest, au delà de l'oued Zousfana, que dans les cas prévus par le traité. Or, ces cas sont formulés ainsi qu'il suit :

« Chaque souverain, ayant à réprimer les désordres de tels ou tels de ses sujets, a le droit de poursuivre ceux-ci, de les châtier à sa guise, mais sous la réserve de n'exercer aucune action sur les tribus de l'autre Etat. »

Dès 1850, on fut bien forcé de reconnaître que la restriction formulée dans le traité rendait illusoire l'exercice de tout droit de répression. Si la France avait voulu l'observer scrupuleusement, elle eût été bientôt désarmée et dans l'impossibilité d'obtenir satisfaction des tribus, restées marocaines, qui appuyaient ouvertement la révolte de leurs frères devenus sujets français.

Le gouvernement du Sultan a parfois fait entendre quelques protestations, mais l'exposé de nos griefs et la preuve manifeste de son impuissance à leur donner satisfaction l'ont toujours obligé à fermer les yeux.

L'OCCUPATION DU TOUAT

En exposant la question du Touat, nous avons montré l'intérêt que présentait pour nous la possession de ces oasis. En face des intrigues marocaines, nous avons montré notre politique trop longtemps respectueuse de traités lointains.

Le cadre étroit de cette étude ne comporte point le récit de notre récente expédition dans le Sud algérien, les décisives colonnes du général Servière, notre marche en deux années sur Figuig, Igli et enfin la décisive occupation du Touat, couronnement de notre œuvre.

L'occupation du Touat est aujourd'hui terminée et, sans une audacieuse pointe des Beraber dans le Gourara (combat de Timmimoun, 26 février 1901), cette opération se serait effectuée sans soulever la moindre résistance. Mais l'incident de Timmimoun montre que les pillards du Tafilalet n'ont pas dit leur dernier mot. Il faut donc s'attendre à de fréquentes alertes, au grand détriment du développement économique des nouvelles régions dont nous organisons en ce moment l'administration.

L'occupation d'Igli a été un premier succès. Elle prévient, en effet, toute communication entre le Tafilalet, le Maroc et la région des Areg, et empêche l'arrivée dans cette dernière des munitions de guerre, des armes et de ces bandes d'aventuriers indigènes ou européens toujours en quête d'occasions qui leur procurent le moyen de vivre au milieu du désordre.

En outre, la possession du Touat est et était nécessaire pour nous permettre d'assurer la sécurité de l'Algérie, le Sahara étant indissolublement lié au Tell. C'est du Touat notamment que sont parties la plupart des dernières insurrections : c'est là qu'elles se sont alimentées, c'est là que se sont réfugiés les vaincus, et notamment Bou-Amama, qui, dernièrement enfin, a fait sa soumission.

C'est du Touat qu'arrivent les excitations, et l'histoire nous apprend que la révolte se propage avec la rapidité de l'incendie. Les tribus marocaines qui viennent renforcer les nôtres ou les tribus algériennes qui se réfugient au Maroc sont obligées de passer par le Touat : en occupant les principaux points de la frontière et en reliant ces points par une voie ferrée, nous avons rendu à peu près impossibles les mouvements des tribus et assuré, par conséquent, la sécurité du pays et la tranquillité de l'Algérie.

L'occupation du Touat ne fait que continuer celle du Sud Oranais. Il était donc absolument légitime, de la part de la France, d'intervenir dans les affaires du Touat, d'établir son autorité dans cet hinterland de sa colonie, d'autant plus qu'il s'agit surtout et avant tout d'une question de police algérienne.

La diplomatie européenne n'a rien à voir dans cette question : en effet, ni l'Angleterre, ni l'Espagne, ni aucune autre puissance n'y sont intéressées et ne doivent y être intéressées, car il ne s'agit en l'espèce que de défendre purement et simplement les droits que la France tient du traité de 1845, qui nous a laissé toute liberté d'action sur le Touat.

En occupant définitivement le Touat, nous avons évité l'insurrection en permanence dans le Sud, la « guerre sainte », à l'heure d'une guerre européenne, en un mot, avec l'anéantissement de l'œuvre de pénétration saharienne, un échec humiliant pour l'honneur national.

X

LA POLITIQUE FRANÇAISE

L'influence de l'Angleterre au Maroc a été considérable à une certaine époque, et on put craindre qu'elle ne grandît encore lors de l'envoi à Londres et à Berlin de El Menebhi, alors favori du Sultan. Mais des intrigues de cour ruinèrent, en son absence, l'autorité de l'ambassadeur marocain à Londres, tandis que Si Abd el Kerim revenait de sa mission à Paris avec des résultats qui rendirent son influence prépondérante.

C'était un premier succès pour M. Revoil, qui avait conduit l'affaire avec prudence et habileté. Dès lors, il se forma, à la cour du Sultan, une sorte de parti français qui grandit en importance et contrebalança l'influence anglaise. L'envoi à Alger de Mohammed Guebbas fut le second pas dans cette direction politique. Notre bonne fortune veut d'ailleurs que ce soit encore M. Revoil qui, en qualité de gouverneur général de l'Algérie, ait été chargé de continuer les négociations et d'entretenir avec le Maroc une politique d'entente amicale qui aura des résultats précieux sous tous les rapports.

Au point de vue politique et administratif, il s'agit d'obtenir un arrangement concernant la situation respective des tribus qui appartiennent aux deux pays; il faut un arrangement pratique qui garantisse une paix durable.

C'est à cette politique d'entente que faisait allusion notre nouveau ministre à Tanger, M. Saint-René Taillandier, lorsqu'il disait :

« Je viens pratiquer ici une politique large et à ciel ouvert. Cette politique a déjà été nettement définie par M. Delcassé à la tribune du Sénat. Je ne vous apprendrai, par conséquent, rien de nouveau en disant que je m'appliquerai à resserrer les liens d'amitié qui doivent unir le Maroc à la France et que j'ai le profond sentiment de la situation hors de pair qui doit nous appartenir dans ce pays. Si ces considérations politiques doivent être ma préoccupation dominante, le bien-être de nos nationaux et de nos protégés ainsi que le développement des relations commerciales entre les deux pays seront également l'objet de ma constante sollicitude. »

C'est cette politique, politique d'intégrité du Maroc, que définissait M. Raiberti lorsqu'il disait tout dernièrement encore à la Chambre, le 11 mars 1903 :

« Non seulement la politique d'intégrité est celle qui nous convient le mieux; c'est celle qui convient le mieux aussi aux autres puissances. Si des négociations ont eu lieu avec d'autres puissances, comme l'ont répété les journaux, je veux croire qu'elles ont porté uniquement sur la nécessité par toutes de reconnaître, comme un principe intangible, l'intégrité de l'empire du Maroc.

» Mais il ne faut pas, si nous pratiquons la politique d'intégrité, que nous en soyons les dupes et que nous permettions, sous le couvert de cette politique, à des influences rivales de venir nous supplanter au Maroc. Si nous ne pouvons pas admettre la mainmise directe d'une puissance sur l'empire des chérifs, nous ne pouvons pas tolérer davantage la mainmise indirecte qui, en respectant l'intégrité du Maroc, en ferait la conquête économique et en consommerait en quelque sorte l'annexion morale. »

L'Europe entière doit savoir qu'il nous est impossible d'admettre qu'une influence supérieure à la nôtre puisse s'établir au Maroc. Ce serait compromettre d'une façon absolue nos intérêts dans le bassin méditerranéen.

La pénétration française.

Si la question du protectorat ne semble pas encore pouvoir être définitivement tranchée, en raison des difficultés diplomatiques qu'elle soulèverait, la mission de M. Revoil et le voyage en France de l'ambassade marocaine auront eu du moins cet important résultat d'assurer la pénétration française dans les Etats chérifiens.

D'après des renseignements qui paraissent aujourd'hui confirmés, le gouvernement marocain aurait, en principe, donné son adhésion à un projet de chemin de fer devant prolonger la ligne Oran - Tlemcen, par Nemours, sur Melilla, Tetuan et Tanger, en suivant toute la côte du Rif.

La concession serait donnée à une compagnie française, et les travaux seraient entrepris avec l'idée de continuer plus tard la voie ferrée sur le littoral de l'Atlantique jusqu'à Mazagran et Mogador.

On fonde un grand espoir sur ce railway, qui permettrait aux marchandises de circuler librement dans le Nord du Maroc, ce qui ne manquerait pas de créer de grands courants commerciaux. Certains journaux font même ressortir que le prolongement sur Mogador permettrait à nos relations commerciales entre le Sénégal et l'Algérie d'utiliser une voie intérieure, en évitant Gibraltar.

On s'intéresse beaucoup à ces projets à Marseille, et

une délégation des commerçants de la ville doit même s'en entretenir avec le gouverneur de l'Algérie.

Il est incontestable que l'obtention d'une concession de ce genre est un grand succès diplomatique, puisque sa réalisation assure enfin notre pénétration effective dans le pays.

Malheureusement, cette ligne ne sera utilisée que par le transit jusqu'au moment où l'on aura pu mettre en valeur la partie maritime du Rif, et il est à craindre qu'on n'en ait pour de longues années, étant donné le caractère indépendant et farouche des indigènes de la région.

Malgré ces inconvénients, la ligne se serait faite et se fera tôt ou tard, ce n'est pas douteux.

XI

LA SITUATION ACTUELLE DU MAROC

La situation intérieure.

Il se confirme que le Sultan va prochainement se rendre à Fez, en s'arrêtant probablement à Rabat. Ce voyage paraît bien indiquer que El-Menebhi, homme du Sud, a beaucoup perdu de son influence sur le Sultan.

Il semble décidément qu'on ait donné à Londres des conseils de réforme, écoutés par l'entourage du Sultan avec un zèle brouillon. A croire certaines dépêches, le Maghzen songerait aux innovations les plus inattendues : un certain nombre de notables de Fez, Rabat et Salé auraient été convoqués à Merrakech pour étudier tout un plan de réformes administratives ayant pour but de définir les attributions des gouverneurs des districts ruraux, de régulariser la répartition et la perception de l'impôt, de réglementer l'administration de la justice rendue par les caïds, en un mot, de faire peser moins d'arbitraire sur les populations; le point capital de la réforme consisterait dans la création de fonctionnaires spéciaux chargés de recueillir l'impôt dont la perception serait ainsi retirée aux gouverneurs.

Il semble certain que quelques personnages du Maghzen sont effrayés de l'infériorité du Maroc et voudraient réformer l'empire. Mais ils procèdent peut-être sans mesure. Ils veulent trop faire du neuf au lieu de remettre en état le vieux, et un organe diplomatique faisait à ce sujet les remarques suivantes :

« Il convient de dire que, sans transformer de fond en comble le système de gouvernement actuel du Maroc, le Maghzen a le moyen de corriger les abus les plus criants. Un choix plus rationnel des caïds de certains districts, des appels moins fréquents à leur bourse et un peu plus de stabilité dans leurs fonctions, seraient certainement, pour la cause de l'humanité et du maintien de l'ordre au Maroc, plus bienfaisants qu'un plan de réformes radicales dont l'état général de ce pays proclame à chaque instant l'utopie. »

L'incident Pouzet.

Le 2 avril 1901, un Français, M. Pouzet, était allé, à bord de son yacht *Jeune-Anna*, en excursion sur la côte du Maroc, accompagné d'un autre de nos compatriotes, M. Louis Say.

A hauteur des îles Djeffarines, le yacht fut attaqué par les Marocains. MM. Pouzet et Say furent blessés et M. Pouzet succomba peu après à ses blessures. C'est à la suite de cet événement que le gouvernement décida d'envoyer à Tanger le croiseur cuirassé *Pothuau* et le croiseur *Du Chayla*.

Les deux navires quittèrent Toulon le 14 mai et arrivèrent à Tanger le 18. Deux jours après le *Pothuau* prenait à son bord M. Fumey, premier drogman de la légation de France, porteur des instructions formelles qui lui avaient été remises par notre ministre, M. Paul Revoil, au nom du gouvernement.

M. Fumey débarquait à Mazagan et se rendait ensuite, sans escorte d'honneur, à Marrakesch, l'une des trois capitales du Maroc, où se trouvait en résidence le jeune Sultan Moulai Abdoul Aziz. Les volontés énergiquement exprimées par M. Revoil y furent exécutées et, alors qu'à l'ordinaire les conflits marocains traînent en longueur, le conflit actuel fut rapidement apaisé dans des conditions qui donnaient pleine satisfaction à la France.

Une indemnité a été accordée pour la famille Pouzet. Les torpilleurs *Dague* et *191* ont été autorisés à passer une inspection du littoral marocain. Enfin, le caïd Artouf, gouverneur des Kebdanas, tribu à laquelle appartenaient les assassins, a été non seulement destitué, mais encore condamné à la déportation perpétuelle, sa complicité dans le crime ayant été démontrée. Mieux encore, alors qu'il avait déjà décidé d'envoyer une ambassade extraordinaire à Londres et à Berlin, le Sultan informait que, pour témoigner ses désirs pacifiques, il enverrait également une ambassade à Paris.

C'est ainsi que, tandis qu'une première mission était partie pour l'Angleterre sous la conduite du ministre de la guerre Kaïd el Mehedi, une seconde mission s'embarquait sur le *Pothuau*.

La seule conclusion à tirer de ces intrigues, c'est que l'autorité du jeune Sultan s'exerce alternativement, depuis quelque temps, sous l'action d'influences contraires. Il y a là les germes d'une désagrégation du pouvoir central qui impose à la diplomatie française le devoir de suivre attentivement toutes les phases.

XII

CONCLUSION

En exposant l'organisation marocaine, nous avons montré l'isolement profond dans lequel vivent les Marocains. Ce n'est ni par apathie, ni par ignorance, c'est par système. Totalement dénués de l'esprit d'imitation, ils ne veulent à aucun prix vivre, penser, agir autrement que leurs ancêtres. Ne possédant ni routes, ni chemins de fer, ni télégraphes, n'ayant ni dettes ni crédit, et cherchant toujours à réduire les relations diplomatiques au strict minimum, le Maroc fait peu de bruit :

« O Maghreb sombre, a écrit poétiquement Pierre Loti, reste bien longtemps encore muré, impénétrable aux choses nouvelles, tourne bien le dos à l'Europe et immobilise-toi dans les choses passées. Dors bien longtemps et continue ton vieux rêve....

» Et qu'Allah conserve au Sultan ses territoires insoumis et ses solitudes tapissées de fleurs, ses déserts d'asphodèles et d'iris, pour y exercer dans l'espace libre l'agilité de ses cavaliers et les jarrets de ses chevaux; pour y guerroyer comme jadis les paladins et y moissonner des têtes rebelles! Qu'Allah conserve au peuple arabe ses songes mystiques, son immutabilité dédaigneuse et ses haillons gris! Qu'il conserve aux vieilles mosquées l'inviolable mystère et le suaire des chaux blanches aux ruines! »

Combien de temps durera cette situation? Trop de nations sont intéressées à la neutralité du détroit de

Gibraltar pour que l'une d'elles puisse chercher à y acquérir une situation prépondérante sans soulever des tempêtes. Cependant tout fait prévoir que le Maroc ne saurait compter longtemps encore sur la protection des rivalités dont il est l'objet. Sans cesse aux prises avec la civilisation, il est appelé fatalement à tomber sous l'influence de l'Europe.

Mais à qui reviendra cet héritage? A qui devra échoir la mission d'apporter la régénération à ce peuple si ancré dans son fanatisme?

On a beaucoup parlé de ce mystérieux Maroc pendant ces derniers temps. Certains hommes politiques ont même été séduits, paraît-il, par l'idée de nous faire prendre notre part de la Chine au Maroc.

La conception, certes, est harmonieuse : on met à la gauche de l'Algérie un protectorat marocain pour faire pendant au protectorat tunisien. On reconstitue, sous la domination française, l'unité politique du pays barbaresque, de la région de l'Atlas, de la grande île allongée entre le désert et la Méditerranée.

Mais, il nous est difficile de séparer la question du Maroc de la question du détroit, de nous installer à Fez et à Méquinez en nous écartant de Tanger. Ainsi posée, la question du Maroc cesserait d'être une question méditerranéenne : le Maroc ne touche, en effet, vraiment à la Méditerranée que par ses ports du détroit, par Tanger et par Ceuta.

En rompant ainsi l'équilibre établi dans la Méditerranée Occidentale, nous ne ferions guère que permettre aux Anglais de réaliser leurs projets particuliers où, eux, ne font point abstraction du détroit : Gibraltar ne leur suffit plus : tantôt ils parlent de l'assurer, en s'emparant d'Algésiras; tantôt de la *doubler*, en s'emparant de Ceuta; tantôt de la *remplacer*, en prenant Tanger.

Pour l'instant cependant, le gouvernement britannique ne paraît songer qu'à maintenir un *statu quo* qui lui est commode et même à l'exploiter contre nous. Sa conception actuelle que l'Allemagne semble partager, serait plutôt d'affermir le Maroc.

L'Angleterre cesserait donc d'envisager le Maroc uniquement comme un champ d'exploitation commerciale. Elle voudrait en faire, au besoin, un instrument actif, et nous ne devons pas oublier qu'il y a là un danger réel pour la puissance maîtresse de l'Algérie, ou tout au moins la possibilité de grands embarras.

Or l'Europe entière sait qu'il nous est impossible d'admettre qu'une influence supérieure à la nôtre puisse s'établir au Maroc. Ce serait compromettre d'une façon absolue nos intérêts dans le bassin méditerranéen.

Il est inutile d'énumérer ici à nouveau les raisons qui nous font, vis-à-vis du Maroc, des titres particuliers. Tout le monde sent que notre politique coloniale de ces vingt dernières années n'a tendu qu'à faire de nous, dans le Nord-Ouest de l'Afrique, ce que les Anglais appellent « the Paramount Power » et l'on sait pareillement que, seuls, avec l'énormité des moyens d'action que nous avons à pied d'œuvre, nous sommes en état d'accomplir les œuvres de la civilisation moderne dans les régions les plus lointaines de ce sauvage pays.

Mais, ce qu'il est nécessaire de faire savoir, c'est que, fermement résolus à maintenir le *statu quo* marocain tant qu'il sera viable, hostiles à toute idée d'annexion ou d'appropriation exclusive de nature à mettre en péril les intérêts économiques d'autrui, nous le sommes également à ne tolérer qu'aucune influence étrangère, violente ou déguisée, s'y produise sans notre concours ou notre assentiment.

L'énergie avec laquelle l'affaire Pouzet a été traitée, il y a déjà deux ans, par le gouvernement et par M. Revoil est bien faite pour donner au monde l'idée voulue de notre attitude dans la question marocaine. C'est cette idée que développait, tout dernièrement encore, à la tribune de la Chambre, M. Raiberti, lorsque, intervenant dans la discussion sur la politique extérieure, il disait le 11 mars 1903 :

« Si nous n'ouvrons jamais de notre plein gré la question marocaine, nous sommes déterminés à ne pas tolérer qu'une autre puissance l'ouvre à son heure contre nous.

» Et comme aucune autre puissance n'a une base d'action territoriale comparable à la nôtre, il est probable que le Maroc et les puissances comprendront ce que cet acte veut dire, qu'ils ne verront pas dans notre attitude une décision éphémère, mais une de ces déterminations qui correspondent aux nécessités profondes que la situation géographique impose à un pays et auxquelles il ne peut se soustraire sans manquer aux soucis de son existence et à ses devoirs de grande nation. »

Mais aujourd'hui, heureusement, la question du Maroc commence à se présenter avec une netteté particulière à l'opinion du public français. Il en comprend de mieux en mieux l'importance. Il arrive à voir la place unique qu'elle doit avoir dans nos préoccupations et consent à ce que, pour la régler, nous renoncions dans la vallée du Nil à une opposition qui pourrait devenir singulièrement gênante pour l'Angleterre.

L'opinion publique, en effet, n'a pas été sans s'émouvoir du leading article publié par le *Times* à ce sujet, article auquel M. Ribot faisait allusion tout dernièrement encore à la Chambre, le 11 mars 1903, lors de la discussion des interpellations sur la politique extérieure. C'est dire que l'opinion publique consent maintenant à ce que nous fassions les sacrifices nécessaires pour assurer du même coup le développement à la fois logique et légitime de notre hégémonie dans l'Afrique du Nord et le maintien de la paix européenne dont la liquidation imprévue du Maroc pourrait, le jour venu, compromettre les chances.

Notre politique coloniale se confond étroitement aujourd'hui avec notre politique extérieure.

Devons-nous donc, comme certains le redoutent, faire encore œuvre d'expansion coloniale, rechercher d'autres territoires, agrandir notre domaine et l'élargir indéfiniment?

Personne n'a ce sentiment et, parce que nous avons été résolus, énergiques, parce que nous avons pensé que les intérêts de notre pays nous commandaient de ne pas nous laisser distancer par les puissances rivales, ce n'est pas une raison pour que nous ne sentions pas qu'il est des limites qu'il ne faudrait pas impunément franchir.

Mais il n'est pas bon de proclamer trop haut que nous renonçons à toute expansion coloniale, et si, un jour, il apparaissait qu'il fût de l'intérêt de notre pays d'acquérir de nouveaux territoires, sachons prendre un parti, dicter nos volontés et nos résolutions.

Laissant de côté les conquêtes nouvelles, la sécurité doit nous être entièrement acquise sur les territoires qui nous appartiennent, que nous avons conquis au prix de tant d'efforts et de tant de sacrifices. Nous ne devons pas être en butte aux hostilités des autres puissances, toujours impatientes d'agrandir des domaines qui dépassent déjà les forces dont elles peuvent disposer. Là, où nous avons planté notre drapeau, où les traités ont marqué notre place, nous ne devons plus être en butte aux incessants agissements des puissances voisines.

Notre empire colonial est créé. Il nous faut procéder à la reconnaissance méthodique, immédiate, définitive et complète de nos colonies de peuplement, de nos colonies d'exploitation et de nos territoires d'influence.

Ne soyons pas des imaginatifs, mais étudions et ne nous prononçons qu'en connaissance de cause.

Ce Maroc, que nous ignorons encore pour une si grande partie, peut nous réserver d'heureuses surprises. Là, comme partout, l'avenir est à la science, et c'est elle qui donnera la clef de l'énigme. Guidés par sa lumière, nous sommes en droit d'espérer que nos efforts se couronneront de succès. Mais, peut-être, n'est-ce qu'un rêve? Le sphinx, couché en travers de l'Afrique, a-t-il des secrets à nous livrer? et nous sera-t-il jamais donné de voir se réaliser sur le Maroc, terre enfin française, la parole du prophète :

« *Lœtabitur deserta et invia et exaltabitur solitudo et florebit quasi lilium...* »?

FIN

OUVRAGES CONSULTÉS

Amicis (Edmondo de). — *Le Maroc* (Paris, 1882).
Colomb (colonel de). — *Notice sur les oasis du Sahara et les routes qui y conduisent* (Paris, 1860).
Deporter (Commandant). — *La question du Touat* (Alger, 1891).
— *L'Extrême-Sud de l'Algérie* (Alger, 1890).
Erckmann (Capitaine). — *Le Maroc moderne* (Paris, 1895).
Frisch (Capitaine). — *Le Maroc* (Paris, 1895).
Hess (Jean). — *La question du Maroc* (Paris, 1901).
Honoré (Maurice). — *Le Transsaharien et la pénétration française en Afrique* (Paris, 1902).
Lenz (Dr). — *Voyage au Maroc* (Paris, 1886).
Loti (Pierre). — *Au Maroc* (Paris, 1890).
Mandeville. — *Le Touat et l'agression marocaine* (Paris, 1898).
Niessel (Capitaine). — *Le Maroc* (Paris, 1901).
Noëllat (Colonel). — *L'Algérie en 1882* (Paris, 1882).
Paléologue. — *Le Maroc, notes et souvenirs* (Paris, 1885).
De Pouvourville. — *Le péril marocain* (Paris, 1902).
Revue de Paris.
Revue des Deux-Mondes.
Nouvelle Revue.
Revue politique et parlementaire.
Questions diplomatiques et coloniales.
Magasin colonial et du voyage.
Revue de géographie.
Revue française de l'étranger.
Rohlfs (Gerhard). — *Reise durch Marocco* (Berlin, 1885).
Vignon (Louis). — *L'expansion de la France* (Paris, 1890).
Wahl (Maurice). — *L'Algérie* (Paris, 1897).

TABLE DES MATIÈRES

	Pages.
Introduction	5
I. Géographie physique	11
Les limites	11
Le littoral	12
Orographie	14
Hydrographie	20
Le climat	22
II. Géographie économique	24
Agriculture	24
Elevage	25
Industrie	26
Commerce	27
Ethnographie	30
Les races. Les dominations	32
Population	33
III. Organisation sociale	36
Instruction publique	37
Langue	37
Arts	37
Architecture	38
Religion	38
Justice	39
Finances	40
L'armée	42
IV. Organisation politique	50
Le gouvernement	50
La dynastie	52
Le sultan actuel	54
Le maghzen	54
Conduite des affaires	55
Administration	55
V. Organisation administrative	59
Divisions naturelles du territoire	59

Pages.
Les villes.... 60
Moyens de communication.... 64

VI. La question marocaine.... 66

VII. Le Maroc et les puissances.... 71

Les intérêts des puissances.... 72

VIII. La politique européenne.... 77

L'Angleterre.... 77
Gibraltar.... 77
Description de Gibraltar.... 78
Les nouvelles défenses de Gibraltar.... 81
Importance de Gibraltar.... 83
La question du détroit.... 86
L'action de l'Angleterre au Maroc.... 89
Les convoitises anglaises.... 89
Le traité anglo-marocain.... 93
L'action anglaise.... 94
L'Espagne.... 96
Possessions espagnoles au Maroc.... 96
Les prétentions espagnoles.... 98
L'expédition de 1860.... 99
Le dernier incident hispano-marocain.... 99
L'Angleterre et l'Espagne.... 101
La France et l'Espagne.... 102
La politique espagnole et le Maroc.... 104
L'Italie.... 108
L'accord franco-italien et la question du Maroc.... 109
L'Allemagne.... 111
Le Portugal.... 113

IX. Le Maroc et les intérêts français.... 114

La question commerciale.... 114
Relations commerciales de l'Algérie et du Maroc.... 115
La frontière franco-marocaine.... 116
La question à la Chambre.... 118
La rectification actuelle.... 120
La question du Touat.... 123
Introduction.... 123
Le Touat.... 125
Le Gourara.... 126
L'Aougueroût.... 126
Le Tidikelt.... 128
Organisation intérieure.... 128
Les ordres religieux.... 129
Le mouvement commercial.... 130

Pages

Les prétentions du Maroc sur le Touat 131
La situation depuis 1870 132
Les relations de la France et du Maroc 136
L'occupation du Touat 138

X. La politique française 141
La pénétration française 143

XI. La situation actuelle du Maroc 145
La situation intérieure 145
L'incident Pouzet 146

XII. Conclusion 149

Ouvrages consultés 155

Paris et Limoges, — Impr. milit. Henri Charles-Lavauzelle.

www.ingramcontent.com/pod-product-compliance
Ingram Content Group UK Ltd.
Pitfield, Milton Keynes, MK11 3LW, UK
UKHW012221240726
13966UKWH00003B/886

9 782012 935532